FADA GUOJIA JIXU JIAOYU
GUANLI TIZHI JIZHI YANJIU

发达国家继续教育
管理体制机制研究

闫树涛 / 著

人民出版社

目　录

第一章　研究背景与基本概念

一、研究背景

　　20 世纪六七十年代以来，人类社会发生了一系列重大变迁，其中一个鲜明的变化是从工业社会向后工业社会、知识经济社会的转变，人类社会的经济、政治、科技、文化等领域呈现出许多新的特征。从西方发达国家这一阶段的发展历程和特征来看，教育与人力资源开发成为推动这一社会变革的重要力量，许多国家在基本普及初等、中等乃至高等教育的基础上，更加注重人力资源的可持续开发和利用；在更加注重经济、社会可持续发展的同时，也越来越关注人自身的全面发展。继续教育不仅是一个国家教育事业的重要组成部分，也是整个社会人力资源开发的重要组成部分，继续教育已然成为制约和影响一个国家或地区经济社会发展质量、水平的关键要素。

　　继续教育作为一种重要的教育实践活动，主要起源和兴起于英国、美国等西方发达国家。从继续教育实践的历史演进来看，它是与西方国家特别是早期发达国家的工业化进程密切相关的。可以说，它既是西方国家工业化发展进程的产物，同时也满足和促进了西方国家现代社会的发展和变化。20 世纪六七十年代之后，一些发达国家的继续教育进入到一个新的黄金发展期。比如有研究认为，二战后德国、日本两国经济之所以能够得以快速恢复和崛起，在很大程度上依赖和得益于继续教育的发展，继续教育也因而被称为促进这些国家经济恢复的"秘密武器"、促进经济发展的重要支柱。进入后工业社会之后，现代科学技术日新月异，给整个人类社会带来了巨大的变革，同时，在教育思想领域出现的具有革命性影响的终身教育思想一经产生，便给许多国家教育政策与实践带来巨大冲击。一些发达国家不仅快速接受了这一新理念，而且迅速转化为政策主张并在实践中付诸实施，也由此出现了20世纪七八十年代各国终身教育改革的新浪潮。在这样的社会背景下，许多国家通过专门立法以保障继续教育的开展，通过政策创新以推进继续教育的发展，联合国教科文组织还设立了专门的工作机构以推动国际范围内继续教育的改革发展，如其下属的第一个国际性的继续教育组织是1973年成立的"继续工程教育国际工作组"，该组织对推动世界范围内各国继续教育的发展发挥了重要作用，中国也于1979年加入其中。

从20世纪末到21世纪初，伴随知识经济社会的深入推进和社会转型的日益加速，继续教育被融入到终身教育体系框架之中并得到高度重视，几乎所有发达国家和越来越多的发展中国家根据本国国情制定了相应的法规制度，如实行与继续教育相对应的证书制度、奖励制度等，有的国家还在中央政府层面建立了专门的终身教育或继续教育管理机构。1994年，在罗马召开的首届世界终身学习会议的报告中提出"终身学习是21世纪的生存概念"，1996年被确定为欧洲的"终身学习年"。

众所周知，联合国教科文组织者在倡导和推进终身教育进程中发挥着积极倡导者和重要推动者的角色，在其所发布的多个政策主张和经典文献中，都将继续教育或终身教育作为成人受教育权利的基本内容予以强调。2009年，联合国教科文组织在巴西贝伦召开了第六届国际成人教育大会，通过了著名的《贝伦行动框架》，在这一标志性的文献中，进一步强调了成人继续教育的重大使命和社会价值。爆发于2008年的国际金融危机给发达国家经济发展带来强烈冲击，很多国家经济下滑，就业问题凸显，在这一新的国际背景下，一些发达国家纷纷实施技能战略，越发重视员工培训和继续教育对恢复经济增长的重要性，不断加大发展继续教育和培训的力度，提升员工创新能力和就业能力，试图以此作为提升国家竞争力的重要突破口。欧盟对此也作出了战略部署。2009 年，欧盟在其发布的《欧盟教育和培训合作战略框架》中对中长期教育与培训作出了新的安排，进一步明确了教育和培训在社会面临信息技术革命、经济增长方式转变、人口老龄化问题严峻以及世界各国竞争越来越激烈的发展趋势下，必须作出及时的回应，认为职业培训在提升员工核心能力方面发挥着重要作用，教育和学习对成人的社会流动有深刻影响，特别提出了"到 2020 年，30—34 岁拥有高等教育学历的人口至少达到 40%，成人尤其是低技能人员参与终身学习的平均比例至少达到15%"[1]。美国联邦教育部在其发布的《2011—2014 财政年度战略规划》中提出了若干教育发展的战略计划，其中第一个目标就是涉及到成人继续教育的，强调要为社会从业人员提供更多的继续教育机会，其中包括高等继续教育和高等职业教育。资料显示，2011 年美国对继续教育的财政拨款达到 20亿美元，主要用于提高成人的技能水平，为成人更好的工作提供知识保障，也包括成人教育和矫正教育。[2]

　　从世界范围各个国家的发展历程来看，20 世纪六七十年代以来可以被作为一个特定的历史阶段来研究。发达国家的经济和社会在这一历史阶段发生了显著的变化，这种变化在一定程度上是包括继续教育在内的教育与人力资源开发不断发展的结果。在终身教育与学习、学习型社会等新的教育与社会发展理念指导下，发达国家继续教育蓬勃兴起，成为推动经济社会发展的重要力量，并逐渐形成比较成熟完善的管理体制机制。比较而言，我国继续教育的整体发展水平与之还存在较大差距，推动经济社会发展的能力还不强，经济社会效益还不充分。本研究从基本概念和理论基础出发，通过分析美国、

---

　　① European Union. Council Conclusions of 12 May 2009 on a Strategic Framework for European Cooperation in Education and training（"ET 2020"）(2009/C 119/02). http://www.cedefop.europa/EN/Files/ET-2020.pdf.

　　② U.S. Department of Education. Strategic Plan: Fiscal Years 2011-2014.http://www. ed.gov/about/repot/strat/plan2011-2014/plan-2011.pdf.

英国、德国、日本、韩国五个发达国家的继续教育管理体制机制，力图探讨其内在机理和运行规律，为创新我国继续教育管理体制机制、更好促进经济社会发展提供有益经验与借鉴。

二、继续教育的概念

（一）概念的出现与界定

"继续教育"作为一种相对于传统正规学校教育而言的教育实践活动，虽然早在 20 世纪之前就已经出现了，但作为现代教育的一种特定概念，却是在第二次世界大战前后才出现的。这一概念产生的直接背景是英、美两国继续教育活动的广泛开展。英国被称为"世界继续教育之乡"，1944 年颁布的《巴特勒教育法》首先专设一个章节，第一次使用了"继续教育"这样一个概念，将整个社会的公共教育分成了三个阶段，即第一阶段是初等教育，第二阶段是中等教育，第三阶段则是继续教育。将继续教育作为社会的公共教育，体现了当时英国对成人学习重要性的高度重视。美国在二战期间举办短期培训班，通过"继续工程教育"的模式，满足了战争时期对工程师数量扩充和水平提升的需要。

目前，学术界和实践领域对继续教育的概念、内涵有着不同的理解，主要体现在教育对象、教育形式、教育内容等方面。这主要是由于不同国家的历史发展阶段、经济发展水平、文化传统存在差异，也会缘于研究者的不同认知视角。高志敏先生曾对继续教育的概念进行过详细深入的分析解读，他综合各家说法之后，认为当时学界总共提出了 11 种不同的概念界定，并逐一进行了分析。他也认为继续教育还没有形成一个权威的定义，很多说法似乎都有其道理，"足见人们对其概念的理解是多样化

的，有的表明了它的由来，有的指出了与其他类型教育的关系；有的强调
对象和内容，有的侧重目的和任务；有的关注它的功能和特质，有的则又
突出它的形式和过程。另外，在表述形式上，有的比较单一或抽象，有的
则比较详尽或具体"①。

联合国教科文组织曾对继续教育提出过两种有代表性的观点，不论是在
政策实践中还是在学术研究领域中都产生了较大的影响。一是 1974 年联合
国教科文组织发布了具有一定权威性的《职业技术教育术语》，对职业技术
教育领域的概念作出了解释，其中提出了广义的继续教育的定义，认为继续
教育所包含的范围很广泛，包括了已经参加工作的人，或者已经脱离正规教
育的人，甚至是在社会上负有成人责任的人所接受的各种内容、各种形态的
教育。人们可能会抱有不同的目的来参加继续教育，继续教育的形式也很多
样化。这一概念除界定了继续教育的基本内涵之外，还着重分析了不同的教
育对象接受继续教育的不同需求。"它对某个人来说，可能是接受某个阶段
的正规教育；对另外的个人来说，可能是在一个新领域内探求知识和技术；
对另外的某个人来说，可能是在特殊领域内更新和补充知识；还有的人可能
是在为提高其职业能力而努力"②。二是联合国教科文组织在 1997 年制定了
《国际教育标准分类法》，其中对继续教育的内涵和外延也做出了解释。例
如，认为继续教育、再教育、成人教育是属于可以相互替代的三个概念，都
可以指一个社会中的成年人，为了进一步更新和丰富知识，提高工作和生活
能力，或者提高专业技术水平及职业资格而接受的教育活动，而且这种教育
活动应该是有组织的。在教育的形式上，既可以是正规的，也可以是非正规
的。较第一个概念而言，这一概念显然是重点突出了继续教育的不同类型和
形式。

---

①　高志敏：《继续教育概念辨析》，《河北师范大学学报》（教育科学版）2001 年第 1 期。
②　顾明远主编：《中国教育大辞典》，上海教育出版社 1998 年版，第 655 页。

（二）发达国家继续教育概念的政策界定

发达国家继续教育管理体制机制具有明显的政策属性，继续教育概念的政策界定也就成为本研究的前提和基础。在政策实践领域，与继续教育密切相关、相近，甚至在不做严格区分情况下可以相互替代的概念是"成人教育"。20 世纪 80 年代以来，发达各国的教育政策明显受到终身教育和终身学习理念的影响，继续教育和成人教育之间的边界也不再那么清晰，在很多国家甚至出现了相互融合的趋势。尽管如此，各国在对继续教育的政策界定上还是体现了自身的特点，有着特定的丰富内涵。

英国继续教育，英文为"Further Education"，通常和"成人教育"（Adult Education）一词混用。根据英国 1944 年教育法案的规定，继续教育是除全日制中等和大学教育之外，为那些已经超出了义务教育年龄的人所提供的教育活动，既包括正规教育机构所组织的正式的课程教学，也包括各种社会机构所开展的非正式的教育活动。在教育的层次上也具有明显的多层特征，"所包括的范围极其广泛，既有适合刚毕业的 16 岁中学生水平的教育，也有适合研究生水平的教育"[1]，层次跨度比较大。继续教育在英国教育体系中占有重要地位，它处于国家公共教育体系的高端部分，是初等教育、中等教育之后人们所接受的一种教育类型，教育的对象是已经接受完义务教育的人，年龄一般在 16 岁以上，这些人尽管失去了接受第六学级教育的机会，但是仍可以通过接受继续教育来实现进一步发展的目标。在组织实施过程中，继续教育的内容主要是职业教育，也可以是普通教育甚至闲暇教育。在教育的组织形式上，"有全日制的、部分时间制的，也有工学交替制的。学生毕业后可升入高校继续深造，也可直接就业"[2]。

美国继续教育，英文为"Continual Education"，指的是人们接受完学校

---

[1] 罗肇鸿、王怀宁主编：《资本主义大辞典》，人民出版社 1995 年版，第 880 页。

[2] 吴雪萍、项晓琴：《英国继续教育改革探析》，《比较教育研究》2008 年第 5 期。

的正规教育之后，为了某种发展的目的而在工作和生活中再次接受的各种教育。它所包含的内容也是十分广泛的，接受教育的目的也是多元的，但是总的来看，主要是为了职业发展而不断通过继续教育学习新的知识，掌握新的技能，或者为了转换职业而做教育上的准备。教育的对象主要是已经走上工作岗位的成年人，教育的形式一般指正式的教育学习活动，这一点和英国的情况差别比较大。美国的继续教育起初主要指继续工程教育，后来逐渐发展到各领域的继续教育。严格来讲，美国成人教育与继续教育还是有一定的区别，参加成人教育的成人对象更加普遍，接受教育的目的也不仅限于提升自己的职业技能。从广义上讲，美国成人教育包括了 18 岁以上的成年人受到教育、学到知识的各种正规和不正规的活动，如读书、看报，甚至参观博物馆、旅游等。从狭义上讲，美国成人教育是由有关教育机构举办的，由那些超过接受普及义务教育年龄（一般是 18 岁）而又没有学过全日制课程的成年人参加的一种有组织的学习活动。继续教育与成人教育相比，是一种比较新的概念，但也有很多学者认为两者其实是很难截然分开的，在教育内容、教育对象等很多方面都有相同之处。20 世纪 60 年代末，终身教育在美国开始盛行起来，美国教育家普遍认为，终身教育可以包括继续教育与成人教育，是一种含义最为广泛、包容性更强的概念。

　　德国对继续教育的界定与英美又有一定的不同，它是从整个国家教育体系结构的发展角度来提出的，将继续教育称为第四教育期，也就是人们在接受完幼儿教育、基础教育和高等教育三个阶段的教育之后再次接受的教育。人们接受继续教育的目的也是多元的，有的是为了拿到更高级的毕业证书，作为自己接受完整教育阶段的一个补充；有的是为了职业上的更好发展，需要不断的通过学习获得更高的职业技能；也有的是通过学习实现学术上的不断创新。相比前三个发达国家来讲，日本对继续教育的界定是比较窄的，主要指的是工作场所中的教育培训或研修活动，举办者主要是政府、企业公司、雇佣部门及相应的社会团体，主要形式有在职培训、业余培训、自学和自我发展等。韩国对继续教育概念的界定比较简单，是所有未能接受初等教育并超过学龄者及一般国民所接受的教育。

通过上述分析可以看出，由于这些发达国家有着各自不同的发展历史，经济发展的战略和重心也有很大的区别，社会发展的结构特征也存在差别，科学技术发展的快慢程度也不同，受这些因素的制约，即使都是发达国家，但对继续教育的政策界定也不尽相同，而是各具特色，呈现出明显的多样性。但仔细分析，从一般意义上来看，这些国家对继续教育的界定又具有一定的共性特征。如：这些概念都认为为了更好地实现社会发展和人的进步，社会成员在完成传统的学校教育之后，还要通过继续教育来不断学习，这种学习过程要持续人的一生，人的发展是持续的，教育和学习也应是持续不断的；都意味着对本国公民在接受正规学校教育之后的继续和补充教育；在年龄范围上，主要指成年人，有的还包括了青少年；在职业身份上，既包括从业人员，也包括无业人员；在内容上，既包括正规的学校课程，也包括工作技能，甚至个人兴趣。本研究中的继续教育也主要是从这种一般意义上来理解的，指的是一个国家的社会成员在接受或完成一定阶段的学校教育之后（至少要完成义务教育），在其一生中不断进行的、以适应社会发展和人自身发展要求所接受的教育。这是一个包容性更强的概念，它既包含了一般意义上的成人教育、继续教育、社会培训等内容，有时在特定国别或文化背景下，又代表了更广泛意义上的终身教育或终身学习。

（三）对继续教育内涵的界定

在学术与研究领域，我国对继续教育概念、内涵的代表性观点主要有以下几种。1979 年版的《辞海》对继续教育概念做了明确的界定，认为继续教育是对在全日制学校和高等学校完成学业或中途辍学的青年和成人所进行的专业训练和一般文化教育。除此之外，还认为继续教育可以和成人教育、终身教育两个概念混同使用，模糊了三个概念之间的区别。认为人们要在一生中不断接受继续教育，才能适应社会的不断变化和科学技术的不断革新。

《教育大辞典》《职工教育词典》《成人教育词典》等多部工具书对继续教育也都从不同的角度进行了解释，如《教育大辞典》特别强调继续教育是学历教育的延伸和发展，是在职人员为了适应社会发展和科学技术不断进步的需要，在工作岗位上所开展的教育活动，继续教育的参加人员应已经获得一定的学历或具有一定的专业技术职称。①《职工教育词典》对继续教育的界定突出了三个方面的内涵，一是在教育的对象上，强调参加继续教育的人既可以是在职的，也可以非在职的，只要他们具有知识更新、补缺和提高的需求，都可以参加；二是在教育的内容上强调学习范围的扩展性，既可以是工程领域科技人员的学习，也可以是社会工作领域管理人员或专业技术人员的学习；三是强调了终身教育与继续教育的相互关系，主张继续教育是贯穿人的一生的教育。②《成人教育词典》除了强调继续教育是学历教育的延伸和扩展、发展继续教育是适应社会发展和科技进步的要求、参与学习的在职人员应具有一定的学历或专业技术职称之外，还特别指出继续教育是成人教育的组成部分，由此明晰了成人教育与继续教育之间的关系。③ 我国较早出版的成人教育研究专著《世界成人教育概论》在界定继续教育概念的时候特别突出了以下两个方面的内容，一是继续教育是成人教育领域的一个术语，由此也认为继续教育从属于成人教育；二是认为继续教育是专门指大学本科后的在职教育，突出了继续教育是本科教育的延伸和发展，这一观点将继续教育提升到了更高的层次，认为本科教育成为了继续教育的起点，继续教育则成为高等教育之后的再教育。④

《国家中长期教育改革和发展规划纲要（2010—2020年)》是21世纪我国颁布的具有里程碑意义的教育发展规划，对我国教育整体发展作出了中长期战略部署。在这一重要文献中，国家再一次从教育体系的高度提出了我国

---

① 《教育大辞典》，上海教育出版社1990年版，第379页。
② 《职工教育词典》，学苑出版社1989年版，第235页。
③ 关世雄主编：《成人教育词典》，职工教育出版社1990年版。
④ 张维：《世界成人教育概论》，北京教育出版社1993年版，第97页。

教育发展的建设目标，在教育体系的基本结构上包含了基础教育、高等教育、职业教育和继续教育这四种类型和层次，继续教育被列为我国终身教育体系的重要组成部分。这一战略规划比较全面深入地解释了继续教育和成人教育、终身教育之间的关系，明确了继续教育的基本内涵和发展任务，提出了明确的发展目标。其中下面五点对于深刻理解我国继续教育的内涵有重要意义。一是强调了继续教育是对学校教育之后所有社会成员的教育，特别强调了成人教育是继续教育的主体，而且可以看出继续教育的对象不仅是在职人员，也包括非在职人员。二是强调了继续教育是终身学习体系的重要组成部分，这就说明要从构建社会终身学习体系的高度发展继续教育。三是强调要加快发展继续教育，表明我国继续教育发展还远远不适应社会和人的发展的需求。四是强调继续教育的发展任务是以加强人力资源能力建设为核心。五是强调要建立健全继续教育体制机制，构建灵活开放的终身教育体系，表明了体制机制对于终身教育体系建设的基础性和保障性作用。

根据上述分析，我们可以对继续教育作如下理解：继续教育是面向已脱离了学校（包括小学、初中、高中、大学）教育、进入社会的成员特别是成人的各种教育活动。可以看出，继续教育的内涵是在不断发展的，教育的对象、层次、类型和结构等不断扩大。在构建终身教育体系和建设学习型社会的背景下，对我国继续教育概念的理解，既要参考国际组织和其他国家对继续教育的理解，又要紧密结合我国实际。从目前发展现状看，继续教育概念至少包含以下内容[①]：继续教育服务于正规学校毕业、走向社会之后的社会成员，包括从业人员和非从业人员；教育内容上，包括成人学历补偿教育、职业培训和以提高国民素质和生活质量为目标的各种学习，如社区教育等；教育形式上，包括非全日制的面授教育，也包括各类远程教育；教育层次上，包括初中后、高中后和大学后教育；教育性质上，除全日制继续教育

----

① 郝克明：《跨进学习社会的重要支柱——中国继续教育的发展》，高等教育出版社2011年版，第41页。

外，还包括非全日制的学历教育（如自学考试）和非学历继续教育（如短期培训）。

三、继续教育管理体制

管理体制的核心是规定某一系统内的组织与领导关系，以及与此相关的组织结构及权责分工体系。本书主要关注发达国家继续教育组织领导体制、办学体制及与其密切相关的法律制度。

（一）组织领导体制

组织领导体制反映的是继续教育行政管理组织体系和领导关系，它规定着整个国家继续教育的基本组织结构和权责分配体系。组织领导体制既从宏观上对整个国家继续教育的发展作出顶层设计，提出发展的定位、目标和规划，也会对行政管理权力的分解和职责界定作出具体规定，甚至通过立法、条例、评估、监管等手段进行规范和引导，从整体上确保一个国家继续教育体系的结构完整和运行有序。一般来看，一个国家的继续教育组织领导体制可以通过以下诸方面来理解：国家层面继续教育的领导机构和管理机构是如何设立的，有没有专门的管理机构及其在整个国家行政体系中的作用和地位；国家主管部门通过何种形式和方法有效协调继续教育主管部门同其他相关部门之间的关系，以此来有效整合和利用各种继续教育资源；主管部门对继续教育发展进行怎样的规划设计、统筹调控、指导管理和评价监督；继续教育的行政管理权力是如何划分的，中央和地方各自的职责和权限是如何设计的，如何调动地方的积极性；国家如何对各行业、各部门的继续教育活动进行协调指导；国家和地方继续教育咨询审议机构的设立及运行，等等。组织领导体制是国家继续教育系统得以运行的基本组织保证和领导保证，各个国家一般根据不同的国家制度、历史传统和发展需要，设计符合本国实际的组织领导体制。

（二）办学体制

办学体制是国家教育管理体制的重要组成部分，它规定着继续教育承办主体的基本条件、职责面向、权力规范及与其他利益相关者的关系。从国际范围来看，在国家宏观统筹、规划和指导下，继续教育既可以由政府直接办学，也可以由政府委托社会力量办学，甚至是社会力量、公司企业和个人直接办学。由于继续教育在教育系统各领域中所涉及的人员最多、范围最广，所以仅仅依靠政府直接办学是远远不够的，许多国家建立了多元主体办学的格局，构建开放多元互动的办学体制，这样才可以有效调动社会各方面资源，更好为公民终身学习服务。本书从多方面分析不同国家的继续教育办学体制，包括整个国家继续教育办学体制的基本特征，有哪些代表性的办学主体及其组织性质，这些办学主体承担着怎样的社会职责，办学主体的主要办学特征，如教学资源、教学特色、课程设置等；不同的办学主体之间的合作伙伴关系和竞争关系的建立等。

（三）法律制度

继续教育活动的规范化、法制化是体现行政管理体制特征的重要组成部分，尤其是对继续教育活动的立法情况在一定程度上代表着一个国家继续教育管理中的权力分配和利益关系，也是行政管理制度的集中体现。立法对继续教育活动的诸多基本问题作出法律界定和制度约束，可以有效地规范继续教育活动，保障其有效运行。从法律制度的性质来看，不同国家继续教育立法的程度不同，有的是出台专门的继续教育或成人教育立法，甚至也有对培训活动的专门立法，有的则是在相关教育法律或劳动法律中有对继续教育或培训工作的专门规定。从法律制度的对象来看，有的是对成人教育活动的规范，有的是对继续教育的规范，也有的是对更大范围的终身教育或终身学习活动的规范。这里重点考察发达国家有关继续教育、成人教育、终身教育立法的演进情况，法律制度对继续教育活动基本问题的规定，包括立法的宗旨和目的，继续教育概念的法律界定，继续教育内容的法律规定，继续教育的主要参与机构，继续教育投资的法律保障、质量保障、参与人员，以及受教育者权益的保护等方面。

四、继续教育管理机制

在管理研究与实践中，与管理体制密切相关的是管理机制。只有通过一定的管理机制，管理体制确定的组织体系才能得到有效运转。管理机制受到管理体制的影响和制约，同时也影响着管理体制的有效性。从发达国家继续教育管理发展的历程来看，这些国家在经历了早期的管理探索和变革之后，基本上已经形成了相对比较成熟的管理机制，尤其是在机制的制度建设上已经基本定型。20 世纪六七十年代以来西方发达国家继续教育的快速发展也是和这种机制紧密相关的。结合发达国家继续教育发展的实践，继续教育管理机制主要包括投入机制、市场机制、激励机制、保障机制、沟通机制等。本研究将主要对五个发达国家继续教育发展中的上述五种管理机制进行重点分析。

（一）投入机制

有效的资金投入是继续教育活动顺利开展的基本保障。建立科学有效的投入机制是各个国家继续教育管理与运行中的重要内容。不同国家基于对继续教育物品性质的不同认识，决定了选择不同的投资方式。如有的继续教育或成人教育项目，政府会将其作为纯粹的公共物品来看待，政府为此会承担起主要的投资责任；对有些继续教育项目，视其为准公共物品，则可能会采取多主体成本分担的形式；而有些则视其为纯粹的个人物品，这时候往往会遵循"谁消费谁付费"的原则，由个人（消费者）承担相应的费用。本研究从这一基本的理论出发，分析不同国家是通过一种怎样的投入机制推进继续教育发展的。所涉及的方面主要包括：一定的国家或地区是通过怎样的主导机制来筹措继续教育经费、推动继续教育发展的；由于继续教育的复杂性，不同国家或地区又是如何界定继续教育的物品性质的，在此基础上，政府、企业、个人及社会在提供经费上分别扮演着怎样的角色，重点投资的领域是什么；社会的弱势群体是继续教育特别关注的对象，也直接影响到社会的公平，政府和其他主体是通过怎样的方式实现弱势群体继续教育保障的，尤其是通过何种方式使教育资源向那些失业者、低收入者或贫困地区的劳动者倾斜；企事业组织作为继续教育的受益者，是否有充足的经费投入，尤其是能否按职工工资总额的一定标准及时、足额提取职工教育经费用于职工教育培训等。

（二）市场机制

通过市场机制有效提供继续教育是发达国家近年来普遍采用的管理机制之一。从教育服务的性质来看，继续教育服务与义务教育服务具有明显的区别，国家一般将义务教育作为纯粹公共物品来看待，政府在提供义务教育服务过程中承担着基本职责。继续教育由于其阶段性特征、职业性特征、社会性特征等影响，大部分继续教育服务都不是纯公共产品，而是属于准公共产品，甚至有的属于私人产品的范畴。因此，在继续教育的提供上，市场机制的效果会更好。但不同的国家继续教育市场化的程度不同，市场化的方式也有差异。市场机制着重考察如下一系列问题：如何改进继续教育公共服务提供方式，鼓励公平竞争，引导社会资金以多种方式进入继续教育领域；是否可以按照市场化理念进行产业化运作，如何使资源进行优化配置达到效用最大化；如何根据市场需求确定培训方案，树立经营思想，打造优秀品牌；政府是否采用了市场或准市场方法，鼓励非营利组织、慈善机构和营利性的私人培训公司提供培训和继续教育；是否采用了不同的培训提供者之间进行竞争投标方法以鼓励多方参与，等等。

（三）激励机制

健全和完善相应的激励机制，对于调动办学主体开展继续教育、受教育者参与继续教育、营造良好的社会终身学习氛围具有重要作用。不同国家在构建继续教育激励机制方面作出了不同的探索，很好地调动了继续教育参与主体的积极性。研究将从多维度来分析发达国家的继续教育激励机制，比如政府为了鼓励社会从业人员接受继续教育，是否出台了有关的税收优惠政策；政府或社会组织是否对弱势群体接受继续教育给予了特别的关注，在学习资源提供或学习机会提供上是否能够激励这部分人群的积极性；社会各领域、各行业或者各单位是否为其成员提供充足的继续教育与学习的物质条件，从而使他们愿意为了组织的发展而投入到学习之中。随着现代劳动制度的建立，继续教育和从业人员的资格准入有着密切的关系，从激励角度来讲，可以考察行业或部门是否将从业人员接受继续教育的数量和质量作为工作考核、岗位聘任、职称评定等的重要条件。许多国家不断创新继续教育激励制度，如有的建立从业人员"带薪教育休假"制度，企事业单位组织职工培训可替代"带薪教育假"，建立能力本位、学历资格与职业资格并重的资格体系和劳动人事制度，落实从业人员持证上岗，按实际能力晋升资格和职务的制度等。

（四）保障机制

继续教育质量保障机制是继续教育管理中的重要内容，一个国家或地区乃至教育组织能否建设一套行之有效的保障机制对继续教育的发展至关重要。不同发达国家通过确立各种不同的质量保障机制有效地促进了继续教育活动的开展，许多保障机制甚至还通过法律的形式进行了规范。继续教育的质量保障机制涉及到诸多方面，各个国家在实际运行中也各有不同。从继续教育活动的特征来看，有一些关键要素会直接影响到继续教育的顺利开展，比如在继续教育教师队伍建设中是否必须设有专职的继续教育教师职业，对从事继续教育的专职人员有什么样的资格条件要求；国家或社会如何对继续教育的课程进行认证，是否制定了学分计算标准，是否建立了继续教育教学质量标准。此外，还会涉及到对继续教育施教机构准入标准的考察，以及继续教育教学资源的保障、继续教育质量的监管等。在继续教育领域，远程教学应用已十分普遍，能否提供充足的网络教学资源和现代化教学手段，对保障继续教育的质量也是十分重要的。

（五）沟通机制

构建终身教育"立交桥"是各个国家发展终身教育和继续教育的重要理念创新和实践创新。近年来，发达国家继续教育和终身教育发展的一个重要趋势就是通过各种机制打通各层次、各领域教育之间的壁垒和障碍，建立相互衔接、有效沟通的终身教育体系。继续教育沟通机制的建立，需要既从整体上构建符合本国实际的开放互动的终身教育体系，又要从微观层面有效实现教育成果的评价、认定和转换，这是现代继续教育的重要制度创新。沟通机制主要关注如下一些方面：如何处理继续教育过程中知识、能力和技能的关系，如何促进三者之间的相互转化；如何处理学历资格与职业资格、技能资格之间的关系，三者能否实现相互沟通；如何处理学历教育与非学历教育、普通教育和职业教育、中等教育和高等教育之间的关系，可否实现相互之间的有效衔接；如何对继续教育的成果进行有效的评价和认定，如何促进不同类型教育之间的学分转换，如学分银行；如何促进继续教育机构和其他教育机构之间的沟通合作，等等。

　　本书主要研究"二战"之后，特别是 20 世纪六七十年代终身教育理念逐渐形成、继续教育得到蓬勃发展之后，西方发达国家所形成的比较成熟的继续教育管理体制机制，主要以美国、英国、德国、日本、韩国五个国家为分析对象。六七十年代之后，西方发达国家纷纷进入后工业社会，继续教育进入发展与繁荣时期，这一时期各个国家所形成的继续教育管理体制机制对促进和保障继续教育事业发展具有重要作用，对我国继续教育体制机制的创新具有重要借鉴价值。

第二章　理论基础

一、人力资本理论

人力资本（human capital），也称"非物质成本"，是西方经济学中与"物质资本"相对应的一个概念，也是近年来在经济研究、教育研究乃至社会研究领域中深受关注和影响深远的一个概念。美国经济学家舒尔茨和贝克尔在 20 世纪 60 年代对影响经济增长的因素进行了深刻分析，创造性地提出了人力资本理论。人力资本理论深刻地揭示了人力资本是经济增长的重要源泉，并由此引发了经济增长理论的革命性变革，人力资本理论也因此而备受关注。

人力资本理论揭示了人力资本与传统物质资本的本质区别。传统的物质资本包括土地、厂房、设备、原材料、货币等，长期以来人们对物质资本给予了高度的重视，并一度认为物质资本是创造经济价值的主要源泉甚至唯一源泉。人力资本理论颠覆了这种传统的认识和理解，提出在传统的物质资本之外，人力资本是被人们忽略的、但却是对经济增长能够产生重要影响的因素。人力资本理论认为，人力资本是凝结在人身上的各种要素的集合，这些要素既包括作为个体的人所具有的知识，所掌握的经验，所拥有的技能，也包括人自身在发展过程中所形成的文化观念和身体健康状况，更表现为在上述要素基础上所形成的各种不同的能力，正是上述多种要素的有机整合和存量总和才构成了一个人的人力资本。由此可见，人力资本与物质资本是有着本质不同的，主要在于它属于人自身的一部分，与人自身的成长、自由、发展联系在一起，它并不会向物质资本那样随着产品、物品的出卖或交换而转移，而是始终与人自身相伴，并通过人的劳动和生产体现出来。人力资本的另一个显著特征是它的扩张性，这也是由人自身发展的无限可能性所带来的。人类社会的发展历程就是一个不断满足人类自身需求、谋求人类不断进步的过程，在这一过程中，人们有追求成功的渴望，有不断开发潜力的可能，有不断产生新的需求的欲望，人类自身的这种谋求发展的求知欲、内驱力、创造力使得人力资本也不断处于扩张发展的状态。显然，随着人类知识的日益丰富、不断增长和现代科技革命的持续变革，使得人力资本的整体质量已经得到明显提升。但需要特别引起注意的是，人力资本的价值并不是固定的，也不是一直提升的，也会出现贬值、下降的情况，这种不确定性更加强化了对人力资本进行管理的必要性。在经济社会发展过程中，理想的状态是实现人力资本的持续增值，减少或避免人力资本的贬值，为此，人力资本的积累也成为人们所关注的重要课题。由于人力资本的形成是人力资源开发的结果，如何持续不断地提升劳动者的知识、能力和素质就成为影响经济增长和社会进步的重要因素。

从经济学的角度来说，人力资本理论将人力资本视为一种具有重要价值的特殊资本，认为它是一种可以为它的拥有者带来更多利润或者更多成功机会的资本，并因此有可能成为人们满足现在或未来收入及成功的源泉。按照经济学的一般观点，资本是通过投资形成的，那么人力资本就是通过人力资本投资而形成的。研究发现，人力资本的投资是可以通过多种方式实现的，主要和人力资本所凝结的要素直接相关，主要的人力资本投资包括一个国家或家庭、个人用于教育的支出，用于医疗卫生、健康保健的支出，用于劳动力国内、区域流动的支出，以及包括移民入境的支出等。通过从不同投资所产生的效益来看，教育支出在上述投资中是最重要的，也是最基本的，通过教育支出所形成的是教育资本，通过教育可以提高劳动力的质量、劳动者的工作能力和技术水平，从而提高劳动生产率，教育支出的增长是经济增长的主要源泉之一。[①] 人们也正是认识到了教育对人力资本提升的特殊作用，才会不断增加教育投入，以期获得更好的回报。另外，值得注意的是，舒尔茨在其人力资本理论中还主张，不同教育阶段人力资源开发的重点有别、任务不同，所积累的人力资本及对经济发展的推动作用也是不同的。现代经济增长理论进一步深化了人力资本理论的观点，分析了教育活动、人力资源开发和经济增长这三者之间的内在联系，发现三者之间存在着互相促进的密切关系。现代科学技术的创新越来越依赖于教育和人力资源开发的水平，进而制约和影响经济结构的变迁和社会发展的转型，在几个典型发达国家的案例中，我们也可以看到，不同的教育和人力资源开发水平对促进生产力的发展、产业结构的调整、职业结构的变化和社会阶层的变化都是有着直接的驱动作用。但同时，经济社会发展的阶段和水平对教育与人力资源开发也会产生驱动作用，产业结构的升级、社会结构的转型、社会文明程度的提升都会对教育与人力资源开发提出新的要求。只有大规模、高质量进行人力资本投资，才能培养出更多受过良好教育和掌握现代技能的人力资源，进而推进国家经济和社会发展。

上述人力资本积累与经济发展之间相互促进的观点，在世界经济发展史的实践中也得到了印证和检验。比如19世纪末20世纪初美国对英国的赶超、"二战"之后日本对美国经济的追赶以及20世纪六十年代之后韩国对西欧国家的追赶，都深刻揭示了这种内在相关关系，都验证了后发国家在实现经济追赶的过程中，一定伴随着人力资本的率先发展和赶超，并将人力资本的追赶作为经济赶超的先导。因此，对任何一个国家或社会而言，人力资本已经成为经济增长的关键，是国家发展计划的基础和实现现代化道路的必要组成部分。对单个个体而言，投入在教育培训上的人力资本能够使个体改善和提高知识、技能水平，促使个体就业时的薪酬结构发生相应的变化，因而改善社会就业与社会分配等方面的不平等、不公平的社会现象。[②]

---

① 顾明远：《教育大辞典》，上海教育出版社1998年版。

② 张凤林：《人力资本理论及其应用研究》，商务印书馆2006年版。

　　一个特别值得关注的问题是，实现一个国家经济的持续增长有赖于对人力资本的持续充值。20 世纪 70 年代以来，现代科学技术发展的速度超过了以往任何时期，而进入 21 世纪之后，互联网、大数据、人工智能等新技术变革给社会发展带来的变化更是日新月异。世界各国的产业结构发生了深刻变革，经济的发展与科技创新紧密联系在一起，人力资本对经济增长的贡献度进一步提升。在这样的发展背景下，人力资本就时刻面临着贬值的风险，就难以适应经济增长和科技进步的需求，带来的结果则是伴随着人力资本存量的下降，人力资本的要素功能和效率功能也会下降，其对经济增长的作用就不能充分发挥出来，甚至影响和制约经济增长。发达国家近年来经济发展的案例也表明，如果员工的技能不能适应新工作环境的要求，其生产效率就会不断下降，对经济转型或增长形成直接的负面效果。为此，需要对人力资本和经济增长之间的关系持有一个辩证的观点，要实现经济的可持续增长，就要依赖于人力资本的持续保值、增值。

　　在实现人力资本保值增值的过程中，教育发挥着越来越重要的基础性和关键性作用。不论是人力资本理论的观点主张，还是近年来教育经济领域的研究成果，都揭示了教育与人力资本之间的关系是相互依存、不可分割的。一个国家的教育体系是由不同的教育领域和教育层次构成的，基础教育、高等教育、职业教育作为学校教育的典型形态，在人力资本的初始形成和原始积累过程中发挥着关键性作用，是一个国家人力资源开发的基础工程、先导工程。当一个人离开学校走进社会，面对不断变化的经济环境和社会环境，就必须通过继续教育进一步实现人力资本的保值增值。许多国家纷纷从终身教育和人力资源可持续开发的角度关注继续教育的发展，主张继续教育是终身教育体系的重要组成部分，教育培训是人力资源开发的重要组成部分，就深刻反映了人力资本的保值增值和经济持续增长之间的辩证关系。

　　继续教育在实现人力资本增长方面发挥着重要作用。进入知识经济时代，知识呈几何级增长，更新速度日新月异，原有的知识、能力、素质等都受到极大的挑战，面对人力资本有减退可能性的巨大压力，除了不断提升学校教育的质量外，还必须通过继续教育与学习实现人力资本的持续投资。继续教育实现人力资本的保值增值主要从以下两方面表现出来：第一，继续教育能够使受教育者不断地更新知识、掌握新的技能。由于"人力"与"资本"都有一个折旧老化的过程，而一旦人力出现老化的现象，即使原先曾接受过再高的教育，如果不及时更新，也会造成知识贬值、能力下降，无法实现资本的增值。而从继续教育的持续性、开放性和及时性特征来看，正好回应了这种需求，不仅可以有效地避免出现人力资本折旧老化的现象，还可以实现保值增值。第二，继续教育具有较强的调整和适应功能。人们面临着变化的岗位环境，面临着对新技能、新知识的需求，需要不断调整自身的知识结构，完善自身的各项能力，通过接受继续教育可以实现这种知识结构和能力结构的重构，甚至能够很好地完成工作丰富化和多样化的目标，此时人力资本的效益就会成倍提升，这是学校教育不能替代的。

二、终身教育思想

终身教育思想是半个世纪以来最具影响力的教育思想之一，它一经出现，便开始在西方许多国家传播开来，并成为引领教育政策制定和教育改革的重要思想。这一教育思想的出现顺应了第二次世界大战之后科学技术的迅猛发展、社会结构急剧转型以及教育理念、教育体系、教育结构所面临的严峻挑战。直至今日，这一思想的影响仍未见有任何衰减，仍然是许多发达国家甚至是发展中国家推进教育发展和教育创新的重要思想基础，也一直是联合国教科文组织等国际组织积极倡导的基本教育思想。

终身教育思想是法国著名成人教育学家保罗·朗格朗在 1965 年召开的世界第三届成人教育大会上提出来的。作为时任联合国教科文组织成人教育局局长的朗格朗，在这次大会上提交了《关于终身教育的报告》，提出了终身教育思想的基本主张，并得到了社会广泛关注和认可，也标志着终身教育思想的诞生。这次大会也因此成为教育发展史上具有里程碑意义的一次大会。作为终身教育思想的提出者，朗格朗的观点和主张在全世界产生了深远影响。他认为，过去数百年来，我们一直把人的一生机械地划分为学习期与工作期两个各不相关的时期，并认为在人的少年期和青年期应该学习，发展到成人初期和壮年期应该工作及劳动，其实这种观念和这种阶段的划分都是不合理的，我们没有理由把人的学习和工作劳动这两件事情截然分开。朗格朗提出，一个人的教育和学习应该是持续不断的，是他从摇篮到坟墓、从生到死的一个持续不断的过程。他主张人的一生应由教育贯穿始终，也就是人的一生的成长和发展是离不开教育的，教育应伴随人一生的发展。为了实现自己的主张，朗格朗倡议国家和社会应该构建一体化的教育体系，不仅包括教育机构，也包括非教育机构，都要围绕人的终身发展进行教育体系的重新构造，并通过这种终身教育体系来实现促进社会发展和人类文明进步的目标。

朗格朗的终身教育思想还体现在他所提出的终身教育发展的五项具体目标上，这五项目标也直接促进了发达国家教育政策的深刻变革。第一个目标是关于教育和学习的机会，认为社会应该为人从出生到死亡的整个一生提供机会，而不仅仅是提供青少年时期的学校教育，学校教育之外的教育同样是十分重要的。第二个目标是关于教育资源的整合，强调各种类型的教育机构要实现有效的协调，各种形式的教育资源要实现统一的整合，这样才能充分发挥社会各种教育资源的整体价值。第三个目标是关于传统的学校组织要发挥终身教育功能，倡议政府要通过资助的方式或积极的政策，鼓励小学、中学、大学和其他地区性社会学校发挥终身教育的功能，不仅向青少年提供教育，也要向成人开放。第四个目标是关于相应的社会制度或更有效的举措，以此来促进终身教育的发展，比如可以对劳动日进行调整，出台新的教育休假或文化休假等，这对构建一体化的教育体系非常必要。第五个目标是关于教育观念的改变，强调了观念上的改变是最根本的，终身教育不能游离于各类学校教育之外，而应渗透其中。

终身教育思想是 20 世纪世界教育思想的重大创新，国外国内学者对此给予了高度的关注，并不断提出诸多深刻见解，使终身教育思想的内涵不断丰富，影响日益广泛。在此我们首先进一步分析几位国外代表性人物的终身教育观点，以深化对这一思想的认识和理解。

第一位是联合国教科文组织教育研究所的研究员 R.H. 戴维。他认为终身教育是一种综合和统一的理念，其价值是为了实现社会个体或社会集团生活水准的提高，其实现是通过每个人的一生所经历的人性的、社会的、职业的过程，其目的是使人在其生存的各个阶段和各个生活领域能够带来启发或实现成功，而其形式则包括全部"正规的"、"非正规"以及"非正式"的各种教育和学习活动。可见，戴维从教育价值、教育过程、教育目的和教育形式四个层面对作为一种综合和统一的终身教育理念进行了深层阐释。

第二位是意大利学者埃特里·捷尔比。作为朗格朗在联合国教科文组织中的继任者，捷尔比也首先是从统合的观点对终身教育进行了分析，认为终身教育应该是学校教育和学校毕业以后教育及训练的统合，这样就将各种教育组织和教育类型进行了整合。其次，他认为终身教育是包括儿童、青年、成人在内的所有人通过社区生活实现最大限度的文化和教育的目的，实现这一目的的核心要素是教育政策，可见他对教育政策在终身教育实施中的重要作用给予了高度重视。再次是从教育和社会的关系上，他认为终身教育的目的不仅仅是个人的事情，而更是作为社会的、政治的整个过程的一部分而发挥其作用，这样他就从教育的外部价值对终身教育进行了新的解读。

第三是埃德加·富尔等人。他们在 1972 年联合国教科文组织发布的《学会生存——教育世界的今天和明天》这一著名文献中提出了自己的终身教育观点。他们认为不应该从教育体系的角度认识终身教育，而应该将终身教育看作是构建一个教育体系所应遵循的原则，并认为这一原则应该贯穿在整个教育体系每个部分的发展过程之中。显然他们的这一观点突出了终身教育的理念价值。他们还从更广泛的意义上理解终身教育，如认为终身教育的概念包括了教育的一切方面，包括其中的每一件事情；强调从整体的角度认识终身教育，认为整体大于其部分的总和；从相互联系的角度理解终身教育，认为世界上没有一个非终身的而又分割开来的"永恒"的教育部分。

终身教育思想传播到日本之后也受到广泛欢迎，并很快对日本的教育政策产生了影响。日本学者石川昭午主张终身教育实际上就是教育和学习活动的终身化、生活化、统合化：把教育扩大到从子宫到坟墓的人的整个生命期间，而不仅限于包括学校教育在内的青少年期；把教育机能扩散到社会生活全体并且进行整合；建立作为公共政策的终身教育体制，公共力量应周密考虑对个人终身学习机会与整个社会能够提供的教育学习资源进行有效的结合，即纵向和横向的有机统合。

作为世界范围内有广泛影响的终身教育思想，在我国学术界也引起了广泛关注，成为近年来我国教育研究领域的重点话题和热点课题，进一步丰富和发展了我们对终身教育思想深刻内涵的理解。

我国著名教育家顾明远先生认为，终身教育改变了传统教育的理念，成为 20 世纪最重要的教育思潮。[①] 他重点从五个方面阐释了终身教育思想的丰富内涵及给现代教育发展带来的巨大挑战。一是在教育的目的上，要使所有的人终身受到教育，而不再只为儿童和青少年提供教育。这样，教育的对象就扩大到每个人，而且是终身的。二是在教育的形式上，终身教育包括了一切的教育形式，学校教育依然发挥着重要作用，但同时还要将其他各种正规教育和非正规教育以及社会教育纳入进来。三是在教育的内容上，要突破传统的知识灌输式教育，除了教授学生系统的知识外，还要使他们掌握如何获得知识的方法。四是在教育的过程上，越来越重视学生的主体性和主动性，以教师为主导的教学过程逐渐被以学生为主体的学习过程所替代。五是在教师的作用上，教师的角色要发生一个大的转变，从知识的传授者转变为学生学习的促进者，要能够准确地判断学生的学习需求，为学生设计好的学

_____

① 顾明远：《终身教育——20 世纪最重要的教育思潮》，《职业技术教育》（教育科学版）2001年第 1 期。

习环境，鼓励学生参与学习，客观地评价学习效果，以及帮助学生改进学习方法。

我国著名终身教育专家吴遵民先生认为，国际社会关于终身教育已经形成了若干基本共识，这些共识体现了终身教育思想的基本内涵，主要是：终身教育的推进要以政府为主导，以学习者为主体，以自由、自主与自助为基本途径的教育和学习活动；终身教育要坚持公益性与公平性的原则，其基点是源于对公民学习权的保障；终身教育的基本目标是构建终身教育体系，这就需要有机整合社会中的各类教育资源，并搭建起各种教育形式的"立交桥"；终身教育的内涵是以提高人的精神教养为宗旨，以创建学习型社会为终极目标，把人的发展与社会的发展有机统一起来。

我国著名成人教育专家高志敏先生从教育制度、教育原则、教育过程、教育目的等方面对终身教育思想进行了深入解读，认为：终身教育是对现行教育制度的超越和升华，包含持续发展意识；终身教育要贯穿人的发展一生，覆盖人的发展全部；要以终身教育为原则，构建有效便捷的一体化教育体系；终身教育既为促进人的全面发展服务，也为实现社会整体全面进步提供支持。

终身教育理念是各国发展继续教育的主导思想和指导方针。作为一种关于教育发展的理念或原则，终身教育本身具有对传统教育思想、制度、内容和方法进行改革的内涵。终身教育理念打破了学校教育封闭化的模式，推翻了一次教育定终身的传统观念及其所垄断的教育格局，强调学习不会随着学校教育的结束而告终，提倡人们继续学习、终身学习。自 20 世纪 60 年代中期终身教育思想诞生以来，已逐渐被国际社会普遍接受和大力推广，发达国家这一时期的许多教育改革都是以终身教育思想为指导的，反映着终身教育思想的基本精神，还有一些国家在全面致力于提高国民素质、促进本国经济发展时，把终身教育视为重要的战略手段。

三、终身学习理念

继终身教育思想之后，在国际教育界产生广泛深刻影响的是终身学习理念。终身学习概念的出现稍晚于终身教育思想，大概出现于 20 世纪 60 年代后期到 70 年代初期。这一理念的出现深受终身教育思想的影响，但同时又反映着人们对社会学习活动的深刻认识。

终身学习的出现源于人们对学习活动与人类发展之间密切关系的反思。1972 年，联合国教科文组织发布了一份著名的报告书即《学会生存》，在这份具有广泛深刻影响的文献中，埃德加·富尔等人构想了未来社会发展的形态，并认为学习社会应是未来社会发展的一种基本特征，指出未来的社会是学习的社会，终身学习对于现代和未来人类生存和发展有着深刻影响，人终身不间断地学习不仅是可能，而且也是必需的。这样，就揭示了人类学习与人类社会发展之间的密切关系。在此基础上，《学会生存》提出了终身学习的必要性，认为："唯有全面的终身教育才能够培养完善的人，而这种需要正随着使个人分裂的日益严重的紧张状态而逐渐增加。我们再也不能刻苦地一劳永逸地获取知识了，而需要终身学习如何去建立一个不断演进的知识体系——'学会生存'。"从而又把终身学习提到了人类学会生存的高度。

这一思想理念出现以后，很快在社会上产生了强烈反响。联合国教科文组织在推进成人教育发展的进程中，充分认识到终身学习与成人教育、社会发展之间的内在关联，并于 1976 年发布了《关于发展成人教育的劝告书》，也借鉴和使用了终身学习的概念，以引发人们的关注，并一直沿用至今。也有学者认为，这是第一次明确提出了与终身教育相并列的终身学习概念，是继终身教育、学习化社会之后又一个在国际教育界产生重大影响的教育概念。联合国教科文组织所采纳和使用的终身学习的概念被定义为"既致力于重建现存的教育体系，又致力于用成年男女都能决定他们自己的教育的方式来发展它的潜力的一个全面的计划"。

20 世纪 70 年代以来，终身教育与终身学习的思想广泛传播，影响深远，国际社会也为推广终身学习理念、推进终身学习活动做出了积极的努力。1989 年 11 月，联合国教科文组织在中国北京召开了"面向 21 世纪教育国际研讨会"，会议主题是"学会关心：21 世纪的教育"。在这次研讨会上所形成的报告——《学会关心：21 世纪的教育》中把终身学习看成是"面向 21 世纪的学习观"，因为"由于教育技术的进步，即使一个文盲，现在也可能成为一个终身学习者"。这一理念直接推动了终身学习在 20 世纪 90 年代的盛行。在 20 世纪 90 年代，国际社会召开了一系列国际会议，发布了一系列经典文献，使终身学习理念为更多人所认识，一些国家也开始在教育政策制定和社会发展中借鉴终身学习的基本理念。例如，1996 年在日本召开的第三届经济合作与开发组织国际讨论会上，提出了"终身学习是面向未来的战略"，进一步提高了终身学习在国际社会中的地位，使其由一个教育概念、学习概念而成为一个战略概念。在 1994 年 11 月意大利罗马举行的"首届世界终身学习会议"上，强调了终身学习对教育、政府和社会的影响，提出"终身学习是 21 世纪的生存概念"这一著名论断。在 1996 年联合国教科文组织发布的《教育——财富蕴藏其中》中，对终身学习的理念和实践进行了系统阐述。为了进一步推广和强化终身学习理念，联合国教科文组织还将 1996 年确定为欧洲终身学习年。

随着终身学习理念的广泛传播，对终身学习概念及其思想内涵的研究也逐渐被人们所关注，研究者从不同角度进行分析解读，对终身学习理念的认识也日益深入。

欧洲终身学习促进会是较早成立的专门促进终身学习研究和终身学习发展的国际性组织，认为要满足人类自身生存的需要，就必须培养自身终身学习的意识和能力，尤其是在 21 世纪这样一个越发需要知识和创新的时代。他们对终身学习作出了界定，认为"终身学习已不再是教育和训练的一个方面；它必须成为提供了参与学习背景的、连续和统一的指导原则"。为此，他们还倡议建立新型的"学习组织"来代替传统的"教育组织"，以满足人们发展终身学习的需要；提出了为 21 世纪终身学习的运行制定议程，筹建了世界终身学习促进会，成为推动世界范围内终身学习的重要力量。

日本是世界范围内终身学习发展的典范，日本生涯教育学会在促进日本终身学习事业发展中发挥着积极作用，该学会在 1992 年编撰的《生涯学习事典》中对终身学习的基本内涵作出了解释，认为：终身学习的基本思想是基于每个个人自发的意愿而进行的活动，终身学习就是要由学习者自主地选择学习手段和方法，并在人一生的过程中完成学习的过程，社会应该对学习者的要求给予必要的回应，从而通过学习实现人的发展。

著名高等教育学家克里斯托弗·纳普尔和阿瑟·克罗普利在他们合著的《高等教育与终身学习》一书中指出，终身学习是指在人的一生中持续进行的学习。他们在解释终身学习中的"学习"概念时特别强调：这里所说的"学习"并不是日常生活中自发产生的一般的学习活动，它指的是"有意学习"，这种学习具有以下四个关键特征：第一，目的性，学习者意识到他们正在学习；第二，目标性，并且这种目标不是那种含糊的概述，如"开发思维"；第三，这些目标是进行学习的原因；第四，学习者有意在相当长的一段时间里保持并且运用所学的知识。[1]

我国有学者认为，终身学习的概念是在综合终身教育和学习化社会基本思想的基础上提出来的。它的内涵包括以下三个方面："其一，社会要确保人们适时地进行与其需要相应的学习机会和条件。其二，社会成员的学习是贯穿其一生的自觉的行动。其三，学习不仅仅是通过学校等教育机构，而且包括图书馆、博物馆、体育运动设施、各种文化设施和各种大众传播媒介。"[2]

---

[1]　[加] 克里斯托弗·K.纳普尔、阿瑟·J.克罗普利著，徐辉等译：《高等教育与终身学习》，华东师范大学出版社 2003 年版，第 12 页。

[2]　毕淑芝、王义高主编：《当今世界教育思潮》，人民教育出版社 1999 年版，第 195 页。

吴遵民、游赛红（2016）通过分析总结，认为可以从以下五个方面理解终身学习的理念内涵。一是在学习的本质上，更加突出了学习者的主体性，将学习活动作为个人一生都要进行的权利和责任。二是从学习的过程上，更加突出了学习活动的终身性，一个人的学习与其生命始终是相伴的、不可分割的。三是从学习的范围上，更加突出了正规学习活动之外的非正式的学习活动，同时也注重社会上各种教育机会的融合。四是在学习制度设计上，更加突出多元化教育制度的设计，更加注重开放性学习渠道的创建，这样也就能够使个体有了更多自主选择的机会和途径。五是在学习实施策略上，更加突出教育机会方面"纵的连贯"和"横的融通"相结合，注重学习者的自我设计和自我完善。

通过上述分析可以看出，终身教育和终身学习是两个相伴而生的概念，在其发展的过程中内涵不断丰富，体现了人类社会发展与教育、学习这两个社会现象之间的密切联系。另外，关注两个概念之间的区别也是非常必要的。一般来讲，终身教育可被理解为"人从出生起，直至老年为止一生中接受教育的全过程"。它又包括横向和纵向两个方面，横向方面主要包括家庭、学校和社会三个领域的教育；纵向方面主要指贯穿于人的一生的婴幼儿期、青少年期、成人期及老年期四个层面的教育。除此之外，终身教育与一般教育在概念上的明显不同，还在于构成其教育要素形式的不同。而对终身学习的理解，主要从人类的学习行为角度进行分析，主要是指"人在一生中所需要的知识、技术，包括学习态度等应该如何被开发和运用的全过程"，在学习的过程中，学习者的主体性特征十分明显，更加强调以学习者为本，强调学习者的主体性和主动性，他自己可以选择学习的内容、学习的机会、学习的场所，而学习的特征一定是"有意义的学习"，或者是促进人终身发展的学习。

四、学习型（化）社会

1968 年，美国教育思想家、原芝加哥大学校长罗伯特·赫钦斯在《学习化社会》一书中提出了"学习化社会"思想理念。他认为，学习化社会"不光是对所有成人男女随时提供定时制的成人教育，而且是以学习、完善和人为目的，以所有的制度指向于该目的的实现而成功地完成了其价值的社会。成功的价值转换即指学习、自我实现和成为真正意义上的人已经变成了社会目标，并且所有社会制度均以这个目标为指向。"按照赫钦斯的观点，整个社会要从"学校化社会"变为学习化社会，构成社会的所有部门都要提供学习资源并参与教育活动，所有社会成员都要充分利用学校以外的制度和机构去自觉地进行学习。在他看来，学习化的社会的学习不同于传统的学习，传统"学习"是阶段性地获取知识和技能的手段，而在一个充满闲暇和自由的社会，核心是学习——通过继续学习去实现人的价值，通过学习获取能量和生命力。赫钦斯主张发展教育的目的应该指向个体的人格完善，应该是使每一个个人的自我能力得到最大限度的发展，但是以往的教育总是强调教育的目的仅仅是为了国家的繁荣，而忽略了个体的发展。所以，他认为"以经济的目的而培养人才，实乃是教育的失误"。赫钦斯对未来社会的发展形态提出了创造性构想，认为社会发展的趋势是构建学习化社会，学习在社会发展中发挥着关键作用，而实现这一目标则首先需要对人的学习观和价值观进行变革。他还进一步分析了学习化社会和教育之间的关系，认为学习化社会需要一种新的教育体系来支撑，而这种体系正好就是终身教育体系。赫钦斯还从社会发展特征的角度分析了学习化社会的主要特点，可以使我们更好地把握学习化社会状态下的个体学习。第一是关于学习化社会的可能性，他认为经过科学已经证明，人是具有终身学习需求和能力的主体，人类自身也有追求学习的本性，人在一生的发展中应该始终保持持续的学习状态，这样的社会就是学习化社会，是可以实现的。第二是关于学习的价值，他提出了学习的真正价值是"贤乐善"的观点，这一学习价值观是学习化社会的核心，人们应在认同、接受这一价值观的基础上，通过持续的学习行为来实现自身的人生价值。第三是关于学习的目标，他认为是要使学习个体发展成为智慧的人，使个人的潜能在学习中得到充分发展。

1972年，联合国教科文组织在《学会生存——教育世界的今天和明天》中特别强调了"终身教育"和"学习型社会"这两个概念，认为终身教育是学习型社会的基石。以"向学习化社会前进"为标题，明确提出了向学习型社会迈进的客观必然性，全面阐述了未来教育的基本策略与改革方向，未来教育的基本构架与方式方法，以及基本条件与合作途径，勾画出学习型社会的发展愿景。《学会生存》认为，要实现培养"完人"的目标，社会的所有部门要结构性地统合起来参与教育活动，服务于学习目的的学习化社会就必不可少。指出"社会不能通过一个单独的机构对它的所有一切组成部分（无论在任何领域内）发挥其广泛有效的作用，不管这个机构多么广大。如果我们承认，教育现在是，而且将来也越来越是培养人的需要，那么我们不仅必须发展、丰富、增加中小学和大学，而且我们还必须超越学校的范围，把教育的功能扩充到整个社会的各个方面"。还特别强调指出，社会的教育功能并不是学校的特权，"所有的部门——政府机关、工业交通、运输——都必须参与教育工作。地方共同体和国家共同体都显然是具有教育作用的机构。……所有的集合、协会、工联、地方团体和中间组织都必须共同承担教育责任"。在这里，将学习型社会理解为"一个教育与社会、政治与经济组织（包括家庭范围与公民生活）密切交织的过程。每一个公民享有在任何情况下都可以自由地取得学习、训练和培养自己的各种手段"。

在联合国教科文组织的大力倡导和推动下，学习型社会受到国际社会的广泛关注，已经成为普遍认可的教育、社会发展理念和政策实践主张。

第三章 美国继续教育管理体制机制

美国在 18 世纪下半叶经过独立战争获得民族独立，19 世纪初开始推进工业革命，尤其是在南北战争之后的进步主义时期经济上得到了迅速发展。到 20 世纪 20 年代，美国已经从一个传统的农业国家发展为越来越强大的工业大国和城市化国家，整个社会经济发生了革命性的转型。此时的美国，工业人口比例从 1880 年的 25% 增长到 33%，农业人口比例从 51% 下降到 26%。内战以后的 50 年期间，美国城市化迅速发展，城市人口从 2300 万上升到 9200 万，增长了 4 倍。也正是在这一时期，美国迅速崛起最终超越英国而成为世界第一大经济体。这一时期，有两个变化尤其值得注意，一是主要由移民所导致的人口迅速增长，例如从 1870 年至 1890 年的 20 年间增加了 800 万移民；进而再到 1914 年的 24 年间，又增加了 1400 多万移民，这导致了美国社会人口在短时间之内的急剧增长。大规模移民的到来，在很大程度上推动了美国社会经济的持续发展，但与此同时，也带来基础设施严重不足，以及由于移民大多因受教育不足而导致教育培训需求激增等一系列社会问题。二是在工业革命进程中，美国的企业发展迅速，企业规模急速扩大，大企业不断崛起，出现了很多工业巨头、金融寡头，企业工人数量激增，有的达上万人，然而工人的技能水平往往跟不上企业的变化。当时美国实行的是自由放任市场经济，政府的职能实行最小化，垄断对社会经济发展构成了严重威胁，最终也导致了 20 世纪 30 年代的经济危机。在经历"二战"、"冷战"之后，美国综合国力越发强大，经济、军事、科技、教育水平均处于世界领先地位，成为直至当今世界唯一的超级大国，在国际经济体系和政治格局中发挥着重要作用。2019年1月，美国人口约3.30亿。GDP总计（2018年）突破20万亿美元，是世界第一大经济体。人均GDP（2018年）按IMF计算为6.25万美元，约为全球人均的5.5倍，世界排名第7位。2018年人类发展指数为0.924（极高），排名世界第13位。

一、美国继续教育发展的基本脉络与主要特点

美国是世界上成人与继续教育总体最发达、人力资源开发最先进的国家之一。美国的成人与继续教育规模巨大，内容广泛，办学形式灵活多样。在美国，继续教育与成人教育之间尽管紧密相关，但又略有不同。继续教育相对成人教育而言是一个比较新的概念，主要指已经接受过一定阶段学校教育的社会从业人员，为了进一步更新或提升自己的专业知识和技能，而经常参加的正式的教育与学习活动。成人教育在美国也有广义和狭义之分，广义的成人教育指的是年龄在18岁以上的所有成年人所参加的各种教育和学习活动，既包括正规的教育活动，也包括不正规的学习活动，甚至将生活中的读书、看报、参观博物馆等活动也看作是成人教育。狭义的成人教育主要指的是由特定的成人教育机构面向成人所提供的有组织的学习活动。尽管如此，实际上美国的继续教育与成人教育是很难截然分开的，二者有许多相同之处。本书将这两者视作基本相通的概念，不做严格意义上的区分，有时各自作为一个独立的概念出现，有时也会以成人继续教育的概念出现。

（一）基本脉络

美国成人教育的发展有着比较悠久的历史，在整个国家和社会形成了重视发展成人与继续教育的传统。20世纪后半叶以来，美国的经济和社会发

展经历了深刻的变革，作为世界上唯一的超级大国，其经济与社会的发展具有典型的代表性，其中继续教育的发展与其经济社会发展的密切关系尤其值得关注。也正是在这一时期，终身教育思想不断冲击着美国传统的教育观念和教育实践，成人继续教育和全民终身学习得到快速发展。

20世纪六七十年代美国社会的深刻变革推动了继续教育的快速发展，这在经济和社会发展的许多领域都得到了体现。在工作领域，受科学技术快速发展和知识更新速度日益加快的影响，工作本身的知识和技能含量不断增长，这时候就需要劳动者具备更多的知识和更强的能力。尤其是信息技术的进步对当时美国大量的职业和工人的工作产生了强烈冲击，大约有55%的工人急需在短时间内掌握信息技术。显然，工作特征的这种巨大变化，就需要劳动者不断研究新情况，解决新问题，工人接受继续教育和不断学习就成为了一种必然的要求。另外，社会职业的类型也开始发生变化，一些传统职业开始被淘汰，新的社会职业又不断涌现。据统计，这一时期美国大概产生了7%的新职业，而这些涌现出来的新职业往往需要从业人员拥有新的知识和技能。而此时，美国劳动力的素质和国家的教育质量并没有及时跟上这种要求，教育质量出现了明显的下降趋势，并直接影响到了劳动力的质量和经济发展。美国全国继续教育顾问委员会还专门就此问题发布了有关报告。当时也有统计资料显示，美国有半数的高中生进入到十年级以后就不再学习数学了，这直接影响到了他们的基本计算能力。而另外，尽管大学本科生的入学率提高了7%，但是大部分却是参加补习性教育的成人学生，可见成人的知识和技能水平已经成为当时一个非常重要的社会问题。到八十年代初期，功能型文盲的新问题在美国也开始出现，美国全国教育促进委员会的有关报告尖锐地提出了这一问题，并指出当时每五个工人中就有一个功能型文盲，甚至包括了相当比例的刚刚参加工作的工人。员工知识和技能水平的落后造成了生产效率的下降，雇主们深感担忧并积极寻找解决问题的途径，他们普遍地认为解决这一问题最快的方法、也是最基本的途径就是对劳动力开展再培训，加强从业人员继续教育的发展。这些现实而紧迫的社会需求，有力地促进了美国大学、学院、技术学院和社区学院成人继续教育的发展。

20世纪50年代美国经济结构发生了一系列重大变迁，产业结构出现了明显的变化，这主要体现在三大产业结构比例及相应就业人口结构的变化。随着社会进入后工业化时代，美国已经形成了比较稳定的工业结构，服务业在这一时期发展迅速，第三产业的人口比例快速提升，从事第一产业的人数明显减少，整个社会的就业结构从原来的劳动密集型向知识密集型开始转变，这种转变在世界各国具有领先性作用。到1956年，美国白领工人的数量首次超过了蓝领工人；到1960年，白领工人和蓝领工人的比例达到3：1；到1970年，第三产业已经远远超过第一产业和第二产业，三大产业就业人口的比例分别是4.3%、31.7%和64%。经济结构和职业结构的不断变化和调整，引发了劳动力就业结构和工作岗位的变化，从业人员的职业不再像以前一样那么稳定，随时可能面临着失业和重新择业的危险，这就要求从业人员在职业发展中要持续不断地接受继续教育，及时更新知识结构，提高就业竞争力。有关调查表明，这一时期美国成人学习内容的50%是与职业适应和职业发展密切相关的。

在这一时期，人们的生活方式、生活需要所发生的一系列变化也对继续教育提出了强烈需求。例如，随着劳动生产率的提高，越来越多的企业开始缩短工作时间，有的全面实行8小时工作制，有的开始实行双休日工作制。到70年代末期，工人实际参加工作的时间还在不断缩短，大约有700多家的美国公司大部分工人实际每周可以休息3天。从业人员的工作时间缩短，如何充实而有效地利用闲暇时间就成为人们生活中的一个新的重要问题。面对越来越多的休闲时间和人们社会需求的提升，很多人开始追求更加丰富的文化生活，开始把读书、学习作为度过闲暇时间的重要活动内容。另外，随着社会物质财富的积累，人们的收入开始大幅增加，普通家庭的收入由8891美元增长到17640美元，几乎增加了两倍。物质财富的积累引发了人们生活方式的变化和多元需求的增长，这主要体现在人们对精神层面需求的追求，比如人们更加追求自我完善，希望能够进一步提高自身的文化修养，或者有机会能够参与社会管理，也有的希望能够整体提升自身的生活品位，这些都极大地带动了成人学习欲望的提升和对更多学习机会的渴望。成人终身学习的内在动机成为一种强大的力量，促进了继续教育普遍发展，美国许多高等教育机构积极顺应这一趋势，更多的大学开始向成年人敞开大门，到1972 年向半工半读的成年人提供教育机会的大学已占总数的一半以上。大学校园里的成年人越来越多，到 70 年代，半工半读的成年学生已经占到美国社区学院学生总数的 50%，普通大学研究生院成年人的比例甚至达到了63%。这一现象也反映在 1984 年美国全国继续教育顾问委员会所发布的《继续教育与美国劳动力》报告中，该报告指出在过去的十年中美国接受成人教育的人数年增长数量一直保持在 100 万以上，有近 13% 的成年人到各种机构参加部分时间制的学习。他们大多数是已经参加工作的从业人员，但是仍然需要通过继续学习不断提高自己的职业能力；也由相当比例的成人是没有工作的，他们希望通过学习掌握某种职业技能，从而能够在劳动市场上获得一个好的职位。

在 80 年代，美国的经济和社会发展又发生了一系列新的变化。美国的新兴工业如宇航工业、计算机工业等开始蓬勃发展起来，新的生产力不断出现，带动经济结构的持续调整，总体上保持了较好的发展态势。但是，发达国家之间的竞争也越来越激烈，一些新兴国家开始兴起，这些都对美国形成了巨大的挑战。在 1984 年发布的《继续教育与美国劳动力报告》中反映美国并没有为此做好充分的准备，主要工业市场的比重有下降的趋势，认为美国的生产力水平并不是最好的，工厂的生产能力只有 75%，如果不及时调整策略，将会面临更大的风险和挑战。为了回应这种挑战，保持和提高美国在世界经济中的地位，当时美国的商业与高等教育委员会向总统提交了一份政策建议，提出了解决这一问题的三个关键要素，其中第一个是投资，第二个是加强技术革新，第三个则是加大人力资源开发的力度和提升劳动力的职业技能。可以看到，其中后两个关键要素都是和人的知识、能力直接相关的。基于此，委员会专门提出继续教育应该成为美国人力资源开发政策的重要组成部分。

　　人口方面变化的鲜明特征是老龄化人口对劳动力产生的明显影响。二战以来，美国的人口出生率开始下降，同时人口的预期寿命不断提高，由此导致人口老龄化的趋势明显，这在其他发达国家中也出现类似现象。1955 年至 1978 年的十三年期间，美国的人口出生率下降了近十个点。这一时期，美国社会的人口结构发生了较大的变化，其中 16 岁至 24 岁的青年人口逐渐减少，中间人口的年龄逐渐上升，到 80 年代中间年龄已经超过了 30 岁。据有关数据统计，在 1970—1980 年的十年期间，21—34 岁年龄段的人口增长率最高，达到 36%，65 岁以上的老龄人口增长率为 18%，均处于高位，而 19 岁以下人口的增长率仅有 4%。由此可见，成人在总人口中的比例上升很快，社会老龄化的速度也很快。到 80 年代初，20—39 岁这一年龄段的人口占总量的 1/3。80 年代中期，美国就业人数达到 1 亿人的最高值，其中 60% 在 25—54 岁之间，到 1990 年，这一年龄组的人数达到 70%。成年人口的增加在很大程度上加重了继续教育的压力。有报告指出，人口老龄化正在改变着美国高等教育，越来越多的大学由于适龄人口的不足而不得不吸引更多的成人入校学习，出现了明显的高等教育成人化的现象。有几个典型的数据可以充分说明这一现象，如在 1980 年的时候美国大学生的平均年龄已经超过了 30 岁，1991 年的时候 25—64 岁的成人学生已经占到总人数的 41%，有 75% 的 25 岁以上的成人大学生是参加了部分时间制的大学学习。不仅如此，还有越来越多的老年人加入到终身学习的行列中来，他们有的是为了实现自己失去的大学梦，有的则为的是使自己的晚年生活更充实、更有意义。

　　进入 20 世纪 90 年代之后，伴随着现代知识经济社会在美国的率先兴起，人力资本的持续开发对继续教育发展提出了新要求。在这一新的社会背景下，知识成为一个国家经济社会发展的关键性要素，以知识为载体的人力资本是企业和其他组织获得持久竞争优势的主要驱动力。在这一全新的社会发展环境下，继续教育的作用更加凸显，工人的技能短缺与知识经济对大量技能人才的需求形成了新的矛盾，直接促进了美国教育培训的兴起。政府和企业都认识到解决工人技能短缺和知识不足的方法是在改革学校教育的同时，必须加强劳动力的教育培训。90 年代美国培训事业的发展正是适应了这一迫切需求，并取得了良好成效，研究表明：20 世纪 90 年代，美国经济持续增长 107 个月，不断强化的劳动力教育与培训在其中发挥着强有力的基础性支撑作用。

（二）主要特点

一是继续教育目标的多样性与务实性。美国成人继续教育始终针对社会和个人发展的实际，紧密结合公民多样化的物质和精神需要，满足多样化的终身学习需求，提供灵活多样、综合性的教育服务项目，例如基础教育补习、职业技能培训、身心健康教育、公共事务教育、科技成果推广应用、闲暇娱乐教育、老年教育、家庭和个人生活问题解决、跨文化教育，等等。继续教育具有典型的实用性，例如作为美国重要的成人教育机构的社区学院，"其主要特色是与所服务的社区生活紧密联系"[1]。社区学院针对成人所开发的课程实用性非常强，他们会根据成人的不同需要设计不同的实用课程，而并不一定关注课程的学科体系，只要能够满足社区公民的需要，都有可能成为教学的内容。

二是成人继续教育对象广泛众多。继续教育的对象包括各种社会群体，涉及各阶层、各领域、各种需求的成人，他们当中既有需要补习基础文化、满足基本生存生活需要的文盲，又有已经接受完高等教育但仍需继续学习的大学毕业生，美国高校中近一半的学生是接受继续教育的；既有工作生活在乡村的农场主，也有城市中的白领阶层和专业技术、管理人员；既有工商企业的普通职工，也有一般的广大消费者；既有各级公共管理者和商业组织的

---

① G.Baker(ed)，"A Handbook on the Community College in America"，Westport Greawood Press. 1994，19.

管理者，还有难民与罪犯、少数民族群体甚至无家可归的人，等等。继续教育为各行业、各阶层、各类型的群体都开办教育项目，充分体现了教育对象的全员性。1995 年时期就读各类成人学习班的成人学员占成人总数的近 40%。可以看出，美国继续教育是面向城乡社区，为全体公民提供开放服务的。

三是继续教育的内容丰富多样。美国继续教育的内容非常丰富，可以满足各类学员的多样化学习需求。例如，1990 年美国《成人和继续教育手册》中对 13 大类的成人与继续教育项目进行了介绍，如有立足社区需要的成人教育、公共事务教育、成人基础教育、成人中等教育、英语作为外语的课程、健康教育、专业继续教育、老年教育、乡村成人教育、残疾人教育，等等。随着社会的不断发展，美国成人与继续教育的内容也在发生变化，满足人们对最新的知识更新和技能训练的需求。

四是继续教育类型、形式的多样化。从继续教育的类型来看，主要包括学历继续教育和非学历继续教育，一个是满足成人学习者对学历补偿的需求，一个是满足职业技能提升或更好生活质量的需求。从继续教育形式来看，则包括了学历证书教育、职业岗位资格证书教育、各种非学历培训、研讨会等各种不同形式的教育，以满足不同年龄群体多样化、个性化的学习需求。高等学校所开展的继续教育近年来也发生了很大的变化，大学也会面向社会开设各种高层次的培训班，或与企业联合开展培训，以解决企业对最新知识和技能的迫切需求。

五是培训手段及方法的丰富性。根据成年人学习的特点，美国继续教育与培训常用的手段有录像教学、案例研究、光盘多媒体教学、课堂指导、商业游戏、亲身体验、国际互联网、企业内部网、自学、公开的讨论会、角色扮演、卫星电视、自我评估等。美国企业培训的形式中传统的课堂式授课依然占据重要地位，大部分培训是由现场的培训者组织实施的。但随着互联网在继续教育领域中的广泛应用，远程教育发展迅速，计算机应用技能培训和计算机化的培训形式近年来明显增加，各类型继续教育机构的网络化教学成为必然趋势，传统的成人教育模式和教学方式正在经历深刻变革。

二、美国继续教育管理体制

从世界范围来看，美国已成为成人与继续教育总体上最发达、人力资源开发最先进的国家之一。其中最主要的原因之一就是得益于一个有效的发展机制。[①] 继续教育系统作为一个独立的专业领域，能够面向社会各界，针对各种实际需求，目标多样，方法灵活，讲求实用，各有特色，交流整合。同时，继续教育系统又内外结合，各尽其责，互为补充，有机配合，使继续教育成为全社会的事业，与社会各行业的发展和个人生活质量提升充分结合。

（一）组织领导

众所周知，美国的教育管理体制是典型的地方分权制[②]，一般是通过联邦政府、州政府和地方政府三级行政机构管理国家教育事务。在继续教育领域也充分体现了这种三级管理、地方分权的体制特征，联邦政府管理的重点主要集中于加强宏观调控、干预紧急或重大的教育项目、推动相关部门间的协同合作以及督查、落实终身学习的相关法律等方面，而并不直接管理具体办学事宜。作为国家行政主管机构的联邦政府教育部等，主要通过立法和拨款等手段实现对继续教育的宏观调控。如，早在1966年就颁布了《成人教育法》，成为世界上最早的专门成人教育法律，全面规定了成人教育的任务、目的、内容、管理体制及经费等基本问题。在1982年颁布的《职业训练合作法》，推动了企业界、地方和州政府充分合作开展职业训练，为转岗工人以及低收入的成年人和青年提供训练和服务，有效地回应了当时美国社会所

[①] 　常永才：《美国成人教育的发展机制》，《比较教育研究》1999年第3期。

[②] 　马小键：《美国成人教育管理体制及其对我国成人教育的启示》，《成人高教学刊》2002年第5期。

面临的日益突出的结构性失业的社会问题。在 1965 年的时候，为了帮助社区的成人更好地接受教育，美国在其颁布的《高等教育法案》的第一条就明确规定对各公立、私立高等教育中的成人教育项目提供资金。在这些措施的支持下，美国的学校系统有了承办成人教育的积极性，不论是高等教育系统的大学和社区学院，还是普通中等教育、初等教育机构，纷纷向社会开放举办成人教育，为社区居民学习提供服务。到 1975 年学校系统中的成人数量明显增加，在美国正规教育机构中的成人教育学员中，一半以上参加了中等学校和高等学校教育系统的成人学习。

联邦政府一般通过间接干预的方式重点资助事关全局、福利性或紧急的教育培训项目，即使是这样的项目也是很少由政府直接提供经费，而是临时委托社会机构来承担拨款责任。例如，1991 年，佛罗里达州有 6000 人因为东方航空公司经营不善破产而失业，政府部门迅速拿出 100 万元专项资金，由该州一所社区学院专门针对这些人开展再就业培训，很快便见成效，很多人又找到了新的就业岗位，避免出现新的社会问题。联邦政府对继续教育项目的干预是有重点、有选择的，并不是包揽所有的项目，一般会侧重于以下几个方面：一是对那些紧急公共问题的教育回应，如上述大规模工人破产所面临的失业问题，以及对受灾者的培训乃至难民的培训；二是那些具有公民公共福利性质的成人教育项目，如对成人的基础读写算的教育、基础语言的教育、基本技能的培训以及对社会弱势群体、退伍军人等特殊群体所开展的支持性项目；三是对一些专业领域的高等教育成人项目，政府也会给予一定的支持和帮助，以提升专业人员的创新能力。在具体的实施中，尽管政府会重点提供上述成人继续教育项目，但是并非一定由联邦政府亲自提供、亲自举办，而是会通过多种方式来完成，比如可以委托给社区学院或大学来完成，或者委托社会组织开展，甚至委托给私营组织来进行，政府只是起到了充分的宏观协调和制度安排的角色，当然也会提供一定的项目经费。

联邦政府在统一、合作、协调的工作理念下，注重动员社会各方面力量参与成人继续教育①。一是合作性政府研究、教育和扩展部，这是一个典型的隶属于美国农业部的跨部门合作机构，在州与地方之间发挥着信息提供与协调合作的功能，能够根据需求，及时为州和社区提供多样化的教育研究、合作信息和项目方案，在州和地方人力资源开发及劳动力培训中的作用十分突出。此外，这一机构还可以通过经费资助的方式推动不同层面继续教育研究项目的开展，对继续教育跨部门合作形成了有力支撑。二是作为联邦政府主管全国教育事务的管理部门的教育部，通过比较完善的组织设计，可以有效推进成人继续教育事业的发展，例如在教育部设有各种类型的成人教育分支机构以及一些特殊继续教育项目研究机构，开展从初等到高等不同层次的继续教育工作，涉及的领域也非常广泛，比如初等教育中的成人基础教育项目、家庭识字项目、英文识字项目等，中等教育领域中的成人中等教育项目、岗位教育项目，高等教育领域中的技术与远程学习项目、专业发展创新项目等。三是作为联邦政府另一个重要机构的劳工部，在人力资源开发与培训方面也承担着重要的责任。在劳工部所设机构中有一个"见习与培训局"，专门负责劳动力资源的培训与开发，这一部门在各州设有分支机构，覆盖面非常广泛，可以及时根据各州的劳动力需要开展各种培训项目，比如开展大量的成人学习项目，以帮助那些不能适应工作需要的成人提高技能水平；再如开展的"一站地服务项目"，可以有效促进用人单位和求职者的相互沟通和了解，为求职者提供及时的就业服务，特别是积极为社会弱势群体提供就业信息和就业岗位。四是在联邦或国家层面所开展的各种项目和成立的各种机构，在促进继续教育发展中也发挥着重要的作用。例如，联邦"教育研究与改革办公室"设有专门经费，用以资助非传统领域中的人力资源开发与实验研究项目，对提升人力资源的创新能力和科技创新能力作用显著。另一个重要机构是"国家教育统计中心"，能够通过全面调查研究和数据收集，及

---

① 张乐平、李悦：《美国成人教育体制对我国成人教育的启示》，《高等函授学报（哲学社会科学版）》2007年第11期。

时提供成人基础教育、成人普及教育、识字与成人的生活技能方面的统计数据和最新信息，对相关政策制定和教育科研提供数据支持。在国家层面，还有涉及各领域、各层次的成人与继续教育社会团体，在政府的支持和资助下，承担着大量的继续教育发展任务，如开展成人继续教育的研究，继续教育教师和管理者的培训、成人教育的发展咨询等等，影响较大的社会和专业团体包括美国成人及继续教育协会、全国社区教育委员会、成人教育专家委员会、成人试验学习理事会、社会培训与发展协会、继续高等教育协会、大学继续教育协会等。其中，作为国家成人教育咨询机构的成人教育专家委员会，负责在实施成人教育法案中向教育部长提供咨询，他们每年要向总统提交一份成人继续教育的发展报告，指出存在的问题，并协助检查、评估各项成人教育项目或法案所取得的绩效。另一个有代表性的社会团体是"美国大学协会"，承担着重要的组织服务和协调职能，可以参与到协调院校的教学标准和课程设置中来，可以在一定程度上保证高层次成人继续教育的质量。

在美国分权体制下，联邦各州对成人继续教育承担着主要的行政管理职责，具有很大的自主和自治权力。联邦各州的教育委员会设有专门管理成人继续教育的机构，直接负责成人继续教育项目的组织管理和控制工作，州一级层面的成人继续教育专业协会在规范质量标准和协调组织关系中发挥着重要作用。美国各州教育委员会的委员均由州长任命，委员会设有一名教育总监，其职责是执行委员会的决定，调动各种资源，落实各项具体任务。委员会除了具有直接的管理职权外，还赋予其相当大的立法权，可以根据各州的教育发展实际制定相关的法规条例。州委员会下设的专门机构承担着发展成人继续教育的具体职责，包括开展扫盲和人力资源开发，为社区教育发展提供咨询，为成人教育与培训活动提供经费资助等工作。在具体的人员配置上，多数州设有一名或多名从事成人教育、继续教育或社区教育的专门职员，承担着具体任务的执行工作。在州一级层面，也常常设有成人继续教育专业协会或社会团体，提供教育研究、政策咨询、信息服务、交流学习等服务，它们也是美国州一级层面发展成人继续教育工作的重要力量。

美国州政府以下的地方政府拥有较大的办学和管理自主权，地方层面的社区或学区在发展成人继续教育中可以根据学区或社区的实际情况，确定成人继续教育的具体任务、设立相关机构、监督教学质量等工作，以解决本地经济社会发展和社区居民自身发展过程中的继续教育问题。在教育体系的最基层承担管理职责的是各学区（或社区）教育委员会，他们在州教育委员会的领导之下开展工作，具体负责包括成人继续教育在内的办学及管理等教育行政管理事务。在地方层面，各种成人继续教育社会团体和专业组织的活动更为活跃，在政策激励和调动下，他们会积极参与到继续教育相关的工作中来，如各种基金会组织、自愿组织、宗教组织，甚至教育电视网等，在成人教育项目培训、公共信息发布、日常教育管理等工作中发挥着重要的补充甚至主体作用。当地居民参与继续教育治理的积极性也会被充分调动起来。总的来看，在美国这种三级管理、地方分权的管理体制下，地方办学和管理的积极性被充分调动起来，并且促进了地方机构之间的竞争发展，也为教育质量的保障提供了一种有效机制。

（二）办学体制

在美国，各行各业组织都十分重视成人继续教育的发展，将其视为影响社会发展的重要事业，通过积极、有效的成人继续教育供给，提高成人的知识水平和工作能力，可以有效地解决在社会发展过程所面临的各种问题。在成人继续教育的举办过程中，政府承担着重要的主导责任，会通过各种方式提供或安排教育项目，但仅仅依靠政府是不行的。成人继续教育项目涉及到各领域、各层次，对社会政治改革、经济增长、文明程度提升以及提高组织运行绩效乃至社区治理都发挥着重要的作用，所以在美国将其看成一项十分重要的社会性事业来进行举办和管理，社会各级给予了极大的关注和支持，很多社会力量积极参与到继续教育办学中来，社会各界形成了一个多元化的继续教育办学体系。政府则在办学过程中充分发挥自身组织协调职能，理顺和加强各个不同主体之间的关系，积极拓展办学资源，调动各界力量。

公立中小学。公立中小学是美国实施成人继续教育的重要机构之一。美国全国公立中小学成人教育联合会对公立中小学的成人教育职责有一个明确的定位，他们认为公立中小学是由社会来举办和维持的，他们不能仅向青少年提供教育，还应该为所有的成人提供方便，对那些补充初等教育的成人尤其如此；公立中小学还应主动服务于社区发展，面向社区需求提供成人教育项目，充分发挥这些学校的功能，使他们良好的条件和资源得到有效的利用。公立中小学也是美国最早开办成人教育的机构，他们能够提供内容广泛的成人教育课程，既有语言、数学等类似的普通文化基础教育，也有专门针对提升岗位能力或为再就业服务的职业培训；既有日课班，也有夜课班，有的还办有周末班。公立中小学中的成人教育教师大多数来自于本校的教师，还有少部分是从社会上聘请的专业人员。在成人教育项目课程设计上，会针对成人学员的实际，吸收相关的人员参与制定，比如把社区居民聘请为教学计划的顾问，聘请校外专业人士管理成人教育教学项目，可以很好地提高这些项目的针对性和实用性。举办成人继续教育已经成为美国公立中小学的一个传统和基本职责，它打破了传统的中小学只为儿童和青少年服务的理念，使得成人也有机会融入其中，通过基础教育的学习，丰富自己的生活，在这种演进和发展中，美国公立中小学不再是单纯的学校教育机构，而是逐渐成为向社区居民提供基本教育和学习服务的终身教育机构。

高等学校。美国的高等学校是开展高等继续教育的典型机构，很多大学和学院都设有专门的继续教育学院或大学推广部负责这项工作。高校继续教育在美国继续教育系统中所占比例大概接近1/4，高校中有近50%的学生是接受继续教育的，有的比例更高。在美国，即使是哈佛大学、斯坦福大学、麻省理工学院、哥伦比亚大学等这样的一流研究型大学也会将继续教育纳入学校发展战略之中，共同与本科教育、研究生教育和留学生教育组成学校的教育体系，继续教育的地位并没有被降低。这些大学一般都设有专门的继续教育机构，其他专业学院也开展内容和形式各不相同的继续教育或培训活动。高校开展的继续教育既包括传统的推广教育、函授教育等学分课程，也包括很多非学分课程，比如属于回归性质的课程以及部分时间的学位课程。成人教育的层次近年来伴随着美国整体高等教育水平的提升也不断拓展，很多大学的研究生院开始为成人提供研究生课程，高等后继续教育渐成气候。美国许多高校的成人教育也可以申请学位，只要成人学习者满足一定条件，修满一定的学分课程，达到相应的标准就可以申请，并没有被排除在外。如前所述，由于美国很多大学适龄年龄阶段的大学生人数出现了下降的趋势，成人学员进入大学的机会明显增多，高校也因此缓解了财政紧张的局面，维持了大学更好地运营，高等教育的对象呈现出越来越多元化的趋势。在这样的情况下，高等教育的开放性也不断深入和扩大。此外，美国高校的网络继续教育近年来得到快速发展，不仅出现了诸多大型开放式网络课程（MOOK），也出现了颇具高校自身特色的小规模限制性在线课程（SPOC），为终身教育时代公民共享更高质量的高等教育提供了可能。

社区学院。社区学院也是美国成人继续教育体系中重要的、典型的实施机构。社区学院的发展与社区自身的发展是紧密联系在一起的，甚至成为社区发展不可或缺的组成部分。社区学院首先立足于社区办学，充分利用社区的办学资源，同时在招生和服务对象上直接向社区大众开放，满足社区成员多元化的学习需求。这种教育机构办学高度灵活、务实，没有严格的入学考试要求，课程多与当地经济社会和个人需要密切相关。社区学院以社区为依托，又充分服务于社区，把正规大学的预科教育同各种社区培训结合起来，以开放性办学来满足社区不同层次、不同对象的教育需求。经过一百多年的持续演进和发展，社区学院的综合性教育功能明显得到强化，不仅开展普通的社区教育、成人教育，而且扩大到职业教育、高等教育、继续教育等多层多面多领域。从传统的社区教育、成人教育来说，社区居民可以接受良好的社区生活、社区管理和自我管理的诸多知识和技能，同时营造良好的社区发展氛围；通过社区职业教育，可以使社区居民更好地胜任工作，或为寻找新的职业做好准备；通过高等教育，学生可以获得二年制学院学历，还可以有进入四年制大学学习的机会。多种多样的继续教育内容和方式，使社区学院同社区发展很好的结合在一起。

工会。美国众多的工会是主办成人和继续教育的重要机构，它们积极参与组织与管理，开展多种形式的继续教育活动。有的会出版相关的杂志期刊，宣传和接收法律和职业知识；有的举办各种内容的讲座，有的还通过举办课程进修班的形式传授最新的职业技能。工会开展的继续教育的内容一般是和工会组织的发展和工人的职业发展密切相关的。为了提升工会组织的领导力和组织力，他们组织的教育内容主要有两种：一是讲授与工会组织发展有关的内容，所设课程以提升工会领导人的领导力为主，使他们有更好的同雇主谈判的能力，有更好的组织动员能力。这方面的课程既可以由工会内部的专业人士来讲授，也可以聘请社会上尤其是大学中的专业人员来授课。二是从工人职业发展的角度出发来设置相应的培训项目，既包括对新入职工人的培训，也包括对已在岗工人的培训，无论是哪种培训，课程内容的设置都同岗位所要求的技能紧密相关，上课的教师除了专业职业教育教师之外，还积极吸收企业具有一定经验和水平的人员来参加，学习的时间一般安排在夜间或周末。

民间和志愿组织。美国的各类民间组织往往热衷于主办成人继续教育，如美国成人继续教育协会等，也会积极协助和参与政府开展成人教育管理工作。这类组织尽管是民间属性，但其活动范围经常涉及立法、情报交流、专题规划等，对成人教育决策有着很大影响。主要代表性机构包括专业联合会、教育联合会、民间志愿团体以及行业协会等，它们在不同的层面和领域各自发挥着独特的作用。全国层面或地区层面的各个专业联合会一般在本专业内部都具有较强的影响力，比如医学领域中的美国医学联合会、美国骨病医学联合会，工业制造专业领域的全国制造商联合会，出版编辑系列的美国报纸编辑学会等在开展专业继续教育与研究方面发挥着重要的职能。全国与区域性的成人教育联合会，则会致力于推进整体范围内的继续教育理念传播与活动推广。众多的民间志愿团体从社会公益角度出发，积极开展、举办各种形式的成人教育活动，很多教育活动都是免费的。行业协会在统筹行业资源、制定行业岗位规范和资格标准、加强继续教育与行业资格之间的沟通联系等方面有着特殊的优势，它们所开展的继续教育活动的比例也比较高，它们所提出的一些继续教育制度也有一定的强制效力。

图书馆、博物馆和其他文化中心。这些机构也是美国开展继续教育和终身教育的重要机构。美国城乡的社区图书馆数量众多，在为社区民众提供基本的社区文化服务的同时，也会积极开展成人继续教育活动，利用图书馆的空间条件和设备条件，开办社区教育讲座和传播最新的社会文化知识。社区图书馆很容易将社区不同兴趣、不同需求的学习者有机组织起来，大家一起交流、学习，共同研讨，从而形成一个个社区学习的共同体。美国各种类型和内容的博物馆数量众多，分布范围很广，具有特殊的继续教育价值，在这里可以很深入地接收到历史、科技、文化、艺术等方面的历史资料和前沿信息，深受民众欢迎。社会中还有其他很多文化中心，也为民众提供各种不同的教育机会和教育资源。

公司企业。数量巨大的美国企业在发展继续教育的进程中发挥着越来越重要的作用。美国企业的整体竞争力强大，这在很大程度上源自于高素质的员工及其创造能力。美国整体的人力资源开发水平居世界前列，特别是美国的企业发展一直引领世界的潮流，数量众多的美国企业不仅是新产品和新服务的提供者，而且还是学习资源的开发者和学习服务的提供者，学习型组织的出现更加强化了企业的学习职能。据统计，企业在美国继续教育系统中所占比例为50%。大部分工商企业都要举办自己的企业大学或培训机构，全美最大的公司企业中，已有85%甚至更高比例开办了某一类型的教育课程，有计划地向企业职工讲授知识和技能。企业培训的内容非常广泛，以前较多关注新职员适应能力、产品知识及顾客教育，后来对员工的管理能力与新技术应用能力比较重视。具体而言，企业培训的内容一般可分为十类：即技术技能、监督技能、销售、个人发展计划、管理能力和发展、领导能力发展、顾客服务、计算机编程和系统知识、计算机应用技能、沟通技能。除此之外，美国还有大量的私人机构为社会提供继续教育服务，这在美国继续教育系统中所占比例为6%。①

（三）法律制度

美国具有重视立法的传统，法制观念深入人心，国家法制体系完善健全，在教育领域、人力资源开发领域也不例外。美国历史上先后颁布了一系列成人与继续教育法律法规，成为国家法律体系的重要组成部分，其中既有继续教育专门法规，也有相关法律法规，以此实现了对继续教育活动的有效干预、保护和监督。在继续教育的立法方面，美国应该是世界各国的典范，有很多值得借鉴的地方。

美国从19世纪开始就颁布了数十条法案，干预农业人口所产生的包括成人教育在内的社会发展问题。其中，《赠地法案》具有典型代表性，这部法律发布于1862年，对美国的高等教育和成人教育都产生了重要的影响，一方面催生了大批的新型高等教育机构，另一方面它以成人作为推广教育的对象，有力地促进了美国成人教育的发展。另外，1914年关于赞助各州推广项目的《史密斯-利费法案》也是代表性法案之一。"二战"后，又相继出台了一系列关于继续教育、成人教育和培训的法律法规。其中比较有代表性的有以下几部法案。一是《乔治-巴登法案》，发布于1946年，它致力于推进培训和再培训工作，它所提出的一系列措施，使那些希望找到工作的人和希望进一步提升工作能力的人有了法律上的保障。二是《国防教育法》，发布于1958年，这部法律要求有计划地对青年和成年人进行职业训练，以提升其职业能力，并规定各地区要设立相应的职业技术领导机构，对战后提升成人的职业发展能力发挥了有力的保障作用。三是60年代在美国经济快速发展和转型期，这一时期先后颁布了数个与继续教育和培训有关的法律，例

---

① 殷明：《从美国经验看我国继续教育的发展取向》，《继续教育研究》2008年第2期。

如 1961 年颁布的《地区再发展法案》，1962 年颁布的《人力开发与培训法案》，1963 年颁布的《职业教育法案》，1964 年颁布的《经济机会法案》，1965 年颁布的《高等教育法案》等，从不同层面、不同领域进一步强化了继续教育的功能和作用，对这一时期提升成人劳动者的技能水平，对于失业人员重新找到新的职业，对于那些不利处境的人们改善现有的工作和生活状态，都产生了积极的作用。其中《高等教育法案》对于发展高等继续教育产生了重要的影响。四是需要特别提到的是在 60 年代美国出台的《成人教育法》是在世界各国具有领先地位的一部法律，在法律上确立了成人教育的地位，成为美国成人教育发展历程中的重要里程碑。五是这一时期美国为了促进职业训练，也相继发布了一系列法律，如 1973 年颁布的《全面就业与培训法案》，1977 年颁布的《青年就业与示范教育计划法案》，1982 年颁布的《职业训练合作法案》和 1992 年颁布的《职业训练计划》等。①

　　1966 年颁布的《成人教育法》，是美国教育法制史上的一部重要法律，也是世界上第二部专门的成人教育法律，它对于促进美国继续教育的发展产生了重要的影响。这部法律的重要价值就是它使得成人教育在整个教育系统中的重要地位得到了确认，是成人教育制度化的重要标志，在法律上为成人教育的发展提供了基础保障。该法案颁布以后，美国成人教育得到了快速发展，成人教育的地位明显提升，成人教育成为深受社会各界所关注的教育领域。美国的《成人教育法》对成人教育的几个基本问题的界定非常明确，也成为该法的几大亮点。一是关于"成人"的界定，该法将其界定为任何一名年龄达到 16 岁的人，这是一个包含年龄非常广的概念，16 岁以上的所有人都可被视为成人，既包括从业人员，也包括了那些退休的人员，甚至是高龄的老人，甚至也包括符合年龄条件的在校学习的学生。二是该法对于"成人教育"的界定，明确了国家或社会所提供的成人教育应当是低于大学水平的教育服务或教学活动，接受教育的人要么是他原来所接受的基本教育不

①　殷明：《从美国经验看我国继续教育的发展取向》，《继续教育研究》2008 年第 2 期。

足，缺乏为社会服务的能力，或者有的是还没有取得中学的毕业文凭；要么是一直到现在还没有正式进入到正规的学校教育系统学习过，需要接受正规的、系统的学校教育。三是该法对"成人基本教育"的界定，既反映了当时美国成人教育的重点内容，也反映了当时美国所处的教育状态。美国的成人基本教育，主要是为了帮助提升那些还缺乏基本英语语言能力的成人的读写能力和沟通能力，由于这些基本技能的缺乏，导致这些人不能够找到合适的职业或者有丧失目前职业的危险，他们需要通过接受这些基本的能力教育，获得相应的能力并具有从事一般职业的资格条件。同时，成人的基本能力也是成人承担社会责任的基本保障，不但可以使他们有了新的职业，在生活中也能满足一般的交流沟通的需要，自我的独立性也会增强，对别人的依赖性就会减少，与别人合作的可能性就会增加。四是立法的目的非常明确，就是要扩大成年人接受教育的机会，让他们有更多走进各类教育设施学习的可能，既可以是成人的基础教育，也可以是成人的高等教育；另外就是实施一定的成人教育计划，使更多的成人掌握他们工作和生活所需的各种技能，可以更好地开展工作，也可以更好地承担公民的责任。五是该法详细地指出了承担成人教育功能的各类机构和组织，既包括高等学校、大中小学，也包括图书馆、公立保健机构，还包括工会、志愿组织、互助组织和社区组织等第三部门。除此之外，企业也是重要的承担主体，地方劳动培训机构也是地区成人教育的重要承担者。六是该法除了界定成人教育行政管理体系之外，还专门规定了国家或州成人教育发展的咨询机构，这些机构承担着指导全国和各州成人教育发展的重要职责，如成立的"国家成人教育咨询委员会"和"州咨询委员会"。为了适应不同时期社会和成人教育发展的需要，《成人教育法》后来又进行过多次修改①，更好地适应了终身学习的发展，如1970年的修正案把参加学习的成人最低年龄由原先规定的18岁改为16岁；1974年又对《成

---

① 赵红亚：《美国成人教育立法及其对我国的启示》，《陕西师范大学继续教育学报》2004年第1期。

人教育法》进行了补充修订，有了一些新变化，如提出要建立全国性的资料交换中心，促进知识、信息的交换共享，再如为了加大老年人服务计划的开展和成人双语教育，将拨款的权力授权给了教育署长，进一步提高了工作的有效性。

70年代以后，美国明显受到终身教育思想的影响，成人教育的地位也得到了提高，政府也更为重视，成人继续教育成为国家推动全民终身学习的重要措施，社会终身学习的方向更加明确，这在之后的国家政策制定和所颁发的法律中也得到了充分体现。1976年，美国的《终身学习法》正式诞生，成为美国继续教育发展历史上又一个新的转折点。这部法律是作为《美国高等教育法》修正案的第一节的一部分所出现的。美国1976年的《终身学习法》被认为是世界范围内第一部内容比较完备的终身教育成人法，在世界终身教育立法史上具有里程碑的意义。这部法律所提倡的教育理念，所确立的教育目的，所提出的发展措施，都具有很强的实践价值。其中有这样几点能够反映这部法律的基本精神和内容。一是强调终身学习在学习机会上不受限制，全国公民都是终身学习的对象，他们都可以有机会通过各种方式有效地参加学习，而不管他们自身的性别、年龄、身体状况乃至经济条件等情况。二是强调终身学习是一种广泛的学习活动，它既包括了原来的成人教育、继续教育等教育教学活动，也包括对那些有助于满足家庭生活需要和个人发展需求的研究成果或创新方法。为此该法明确提出"我们所有人，不管年龄大小都面临着一系列的要求，我们必须以最广义的概念来发展教育，从而满足人们的这些需求"。三是在学习的空间上，主张不要局限于一定阶段之内的学校教育，而要以开放教育的观点促进人们的终身学习，把更多的校外教育形式也纳入到公民的学习过程中来，这样才能满足人们更广泛的学习需求。四是对学习范围的界定也是非常宽泛，列举了诸多不同内容的学习范围，比如在教育类型方面的成人基础教育、继续教育、独立学习，在教育领域方面的农业教育、商业教育，在教育目的方面的晋升教育、职业教育、实习教育，以及特殊群体的成人学习如退休前及退休人员的教育等，并列出了19种课程类型。五是推进终身学习的措施方面，提出了一系列积极的政策措施，必须要区别联邦、州和地方政府在发展终身学习事业中的不同角色，要为终身学习提供更多的资金支持，尽可能多地增加非学校系统的成人学习机会，克服成人终身学习的各种障碍，以及需要建立终身教育的中介机构等。① 作为世界上第一部专门的终身学习立法，该法以保障公民的终身教育权利为基点，从法律上确立了终身学习在美国的地位，为美国终身学习的发展奠定了重要基础。

美国对于继续教育、终身教育与学习的立法并非是一成不变的，而是始终处于动态的调整之中，根据经济和社会发展的需要不断进行补充和完善，从教育机会、教育资源、教育内容、学习形式等多方面不断健全法律制度和规范要求。比如为了进一步促进继续教育的公平性，在 1980 年通过的《中学后继续教育法》中明确规定："不分年龄、种族、性别、宗教、伤残、来自国家、出身、地理位置或经济状况，在接受中学后教育方面一律平等"；为了增强学习主体的选择和自由性，特别规定"愿意参加中学后教育的人，有选择院校和选择适应他们需要和能力的计划的自由"②。在这部法律中，还要求各州、高等院校和联邦政府紧密协作，促进成年人参与并坚持中学后的继续教育，以帮助开发成年人的职业潜能。进入到 80 年代，美国经济社会发生了较大的变化，教育的目标开始针对未来的发展和变化，美国社会对终身学习能力给予了更高的重视，比如在 1984 年通过的《目标 2000 年：教育美国法案》中，提出了教育改革的六大目标，其中特别强调了终身学习能力的重要性，并要求通过继续教育实现这一目标。

到了 20 世纪 90 年代，为了进一步倡导和推进终身学习进程，美国又相继出台了一系列相关法律法规。例如，1993 年颁布的《政府业绩与成果法》，从终身学习计划评估的角度提出了新的制度措施，要提高终身学习计划的时

---

① Richard E. Peterson and Associates. Lifelong Learning in America. Jossey-Bass Publishers, 1980.3-4.
② 赵红亚：《迈向学习化社会：美国成人教育思想与实践的传统和变革》，中国社会科学出版社 2004 年版，第 355 页。

效性，联邦政府就每一项终身学习计划制定发展策略和年度成就评估方案，并且建立相应的评价指标体系，国会根据上述措施的实施评价计划的有效性来决定资助的水平。在1994年颁布的《2000年目标：美国教育法》中，进一步锁定了成人教育终身化发展方向，确定了教育与训练在美国未来发展中的关键角色，提出要为"成人教育者提供更多的学习机会"，在1997年的国情咨文中提出了教育的最高目标是"每个18岁的青年能进大学学习、每个成人能获得终身受教育的机会"①，提出的一个重要原则就是"21世纪的教育必须扩展为终身教育，美国人不论年龄有多大，都必须有机会学习新的技能"。该法也对从儿童到成人学习群体的各种教育形式提出了具体要求，包括开展成人教育、提供补偿教育、加强职业培训、加大力度开放学校、增加老年人接受教育的机会等。2001年美国总统布什提出了《不让一个孩子掉队》的法案，政府鼓励各种办学方式，进一步促进了终身教育的发展。2009年奥巴马总统签署的《2009年美国恢复和再投资法》，在资金方面充分保障了终身教育的发展。

三、美国继续教育管理机制

（一）投入机制

在美国成人继续教育的发展中，政府始终扮演着投资主体的角色，从中央到地方各级政府重视对成人继续教育的投入。联邦政府所属的合作性政府研究、教育和扩展部，教育部，劳工部和各种联邦政府计划项目，国家基金等为继续教育发展提供了充足资金，州和地区也会提供相应的配套资金。

---

① 谷贤林：《九十年代的美国教育改革》，《国家高级教育行政学院学报》2000年第1期。

　　联邦政府主要通过四种方式实现对继续教育的拨款，分别是资助基金、服务合同金、直接运行金和学生资助金。资助基金是联邦政府对州及地方政府或专门成人教育机构或项目的支持，确保地方继续教育或专项计划的实施，属于基础性的财政拨款，如针对成人的基本技能教育或推广项目，确保地方继续教育的发展或基础项目获得持续性资金投入。服务合同金主要解决的具有特殊公共福利性质继续教育项目的资本需求，提供项目的机构可能是公共部门，也可能是第三部门。直接运行金主要针对政府公务员的培训项目，或资助公共卫生健康及环境与资源保护的相关项目，这也是政府为提升雇员素质或解决特定问题而拨付的款项。学生资助金则主要针对特定学生身份的人群所给予的财政补助，例如退伍军人的再就业培训项目，或那些将来志愿特定学科教师的学生。

　　由于继续教育的复杂性和多样性，政府也是通过多种方式、多种途径以实现资助目的。政府在各州公立大学、社区学院和成人学校举办的继续教育中发挥着主要出资人的角色，这一比例占到这些学校继续教育经费的 70%，对私立大学的继续教育也会给予一定的资金支持，其比例为 13%。从 20 世纪 90 年代美国联邦和州政府对继续教育的拨款规模来看，每年用于继续教育和培训的经费达到 100 亿美元，此外联邦政府每年还有 600 亿美元的财政用于大学后继续教育。这些款项有力地支持了大约 2 万个大学后成人教育中心的建设。为了促进远程继续教育的发展，美国政府还创建了利用卫星通讯实施教学的国家技术大学，通过整合 45 所著名大学的继续教育资源，对成人开展硕士研究生教育或短期课程继续教育。美国每年向再就业培训拨款 70 多亿美元，通过技能培训增强劳动者的技能。为了鼓励更多的企业、社会和私人团体投资继续教育，政府往往也会对他们的办学行为予以特别的资助，为他们提供更优惠的投资政策。除了年度日常或专项继续教育财政拨款之外，美国还经常在一项新的继续教育法律或特殊政策施行阶段，拨付专款予以资助或推进，以此确保成人教育计划的实施。例如上世纪 60 年代美国《成人教育法》颁布之后，为了鼓励成人基本教育的实施，联邦政府就通过拨付专门资金的方式资助 230 万人参加学习，使他们掌握了基本的工作和生活技能，其知识和能力水平基本上能够达到高中程度。在 1984 年推行新修订的《成人教育法》的时候，联邦政府每年拨款 1 亿美元，用以资助 6 万名教师每年为 300 万成人提供基本知识和技能教育，为这些成人群体创造了良好的继续教育机会。2007 年，布什总统签署行政命令，要求加强美国的成人教育，责成教育部长斯佩林斯领导一个跨部门的成人教育工作组，协调有关力量加强成人教育的项目。斯佩林斯指出，"上大学不仅是高中生的事情，成年人也需要有上大学的机会。由于美国 90% 的增长最快的工作需要某种中学后教育文凭或培训，我们有责任向所有年龄、所有背景的人提供这种教育，以满足知识经济的需要"。为了支持各州和各大学增加成年人接受高等教育的机会，斯佩林斯宣布教育部职业与成人教育办公室专列总额为 280 万美元的四项拨款，其项目之一"为上大学做好准备：成人教育过渡项目"，主要用来支持 4 个州的社区学院系统与当地成人教育机构合作，改善校外青年上大学的文化知识准备。

积极拓展多元化的终身学习投入机制[①]。美国继续教育对象具有明显的多元化特征，各层次、各领域成人都需要终身学习，要完成这一任务仅靠联邦政府的财政拨款是难以实现的。为此，政府还通过法律的形式规定了地方政府的出资比例，对企业、产业部门及雇主对员工的继续教育与培训提出了明确的要求，这就在一定程度上保证了职工教育经费的来源。除此之外，政府积极鼓励和倡导民间团体和个人投资继续教育，使继续教育的经费来源更为多元，从而逐渐构建起政府主导、多方投入的终身学习经费投入机制。如前所述，在 20 世纪 80 年代，美国经济和社会经历了深层次的变迁，用于员工继续教育的费用实现较大幅度的增长，1980 年雇主为企业员工培训支付的费用达到 300 亿美元，到 80 年代中后期每年的费用已增长到 2000 亿美元

---

① 郝克明：《跨进学习社会的重要支柱——中国继续教育的发展》，高等教育出版社 2011 年版，第 609—613 页。

左右。到 90 年代美国的企业已经开始把培训作为重要的人力资源战略性投资，投入的力度进一步加大。根据当时美国劳动部的统计数据，在 1995 年 5—10 月期间，员工人数在 50 人及以上的企业，平均每人接受了 2.1 次的培训，培训的时间达到 10.7 小时。到 90 年代末大概每年有 7000 亿美元用于在职员工和学生的教育培训，占全国年产出的比例达到 10%，私人支出占到 51%，公共支出占到 49%。90 年代期间美国的企业大学数量增长迅速，从 1988—1995 年翻了四倍，达到 1600 多所，企业对员工教育与培训的投入年均递增 5.5%。1982—2001 年的 20 年间，企业培训支出从 29.5 亿上升到 193 亿，增长了 555%，同期雇员的人数仅从 1 亿左右扩大到约 1.35 亿左右，增幅为 35%，2001 年用于培训的总预算比 2000 年增长 5%。① 发展到本世纪初期，美国的企业大学已经引领世界企业大学的潮流，美国公司用于员工培训的投资始终保持在较高水平，用于培训工作的费用一般占到公司销售收入的 1%—5%或员工工资总额的 8%—10%。

（二）市场机制

美国继续教育发展机制具有"自由市场需要"的色彩，即主张成人继续教育的好坏在于它是否能有效地满足学员的学习需求。这种机制有利于使继续教育符合学员及社会的真正需要，并确保继续教育项目的效益。与此同时，竞争机制的建立是美国教育培训市场的内在机理，成人学习者对教育培训项目的质量和水平有着自身的评价标准，那些好的项目能够持续发展，质量低劣的项目很容易被淘汰，众多的成人教育培训机构只有不断创新和提高质量才能生存下去。在美国，开展成人继续教育的机构数量众多，政府为这些机构提供了较为宽松的发展环境和自主办学的权力空间，它们自身都面向

---

① 杨菁、李曼丽：《当前美国企业培训的现状、特点及其对我国的启示》，《清华大学教育研究》2002 年第 2 期。

社会和市场需求，积极适应日益激烈的市场竞争态势。"竞争失败的机构往往要去开拓新的成人教育领域，去寻找新的教育需要。这样培训市场上又会出现一批新的培训项目供学习者选择，于是在成人教育发展的过程中，就形成了内容广泛、形式多样、能满足各种需要的培训市场"。①

美国继续教育与培训的市场机制还体现在培训服务从供给驱动向需求驱动的转变上。供求关系是市场机制的基本关系，教育培训服务能够为公众提供符合需求的产品非常重要。以美国解决失业人员培训的问题为例，先前的情况是政府和培训机构在项目的设计上占据绝对的主导地位，他们有着很强的主动性，往往将自己设计好的培训项目提供给失业人员，但这些项目由于缺乏实际效果，很难满足失业人员的需要，导致他们参与培训的积极性不高。其实，失业人员的再培训也是符合一定的市场规律的，市场的需求在一定程度上决定了服务的供给，有些公共培训机构尽管拿到了政府的项目订单，但是效果并不满意。政府和公共培训机构为了达到更好的效果，做出了积极的改变，例如他们建立了个人培训账户，详细掌握失业人员的基本情况，尤其是其技能基础、求职意愿和培训需求；还使有意参加培训的人员详细了解培训提供者的资质条件及他们可能提供的培训项目，这样增加了学员的知情权，提高了他们的选择性；他们还积极推进培训项目进程中供给方与需求方之间的交流沟通，培训机构可以更好地掌握需求方的培训动机、所期待的工资水平及对求职成功率进行预测。一系列改革措施，使政府和培训机构更好地从需求方入手设计项目，提高了项目的绩效。

通过上面的案例可以看出，美国利用市场机制所建构的教育培训体系有着很强的活力。教育培训的需求方和供应方都被激活，教育培训的资源得到充分调动。成人学习者对培训服务的满意度、对施教机构的发展乃至生存起着至关重要的作用。在这样的情况下，继续教育培训机构就会非常在意自身的质量和在公众中的形象，并努力创造良好的社会声誉。这在很大程度上得

---

① 马小键：《美国成人教育管理体制及其对我国的启示》，《成人高教学刊》2002年第5期。

益于市场竞争机制所带来的好处。有效的竞争不仅会降低消费的成本,还会提升服务的质量。继续教育机构为了达到好的发展效果,必须真正考虑学员的感受和实际的效果,全方位改进服务质量。这也体现在继续教育提供的各个环节之中,在课程设计阶段充分考虑到学员的需求来设计目标和学习内容,在授课过程中为他们提供各种机会和资源,对他们的学习过程进行咨询和指导,在课程结束后及时掌握学习效果,充分征求他们的意见。

在美国各机构所提供的继续教育与培训中,尽管也有不少的福利性、公益性培训项目,依托政府的财政拨款而完成,但其实大部分的继续教育与培训服务还是有偿的,大学、社区学院、技术学校以及政府举办的继续教育培训项目也会向消费者收取一定费用,有的教育培训机构则是私人公司,他们所提供的培训项目完全可以被看成纯粹的商业行为。企业既可以作为培训的提供者,同时也是最大的培训需求者,他们往往也会出资购买培训服务。因此,在美国,教育培训已经成为一项非常重要的知识型产业。

(三)激励机制

在美国继续教育的发展过程中,为了激励施教机构和学员个体参与到办学与学习中来,政府积极采取各种措施调动他们的积极性,这主要体现在对培训机构的有效引导、对成人学习者个体的有效激发和对服务提供者协同力量的促进上。

政府的资金投入具有强烈的导向和激励作用,会充分调动培训机构参与继续教育项目的积极性。联邦政府一般会设定继续教育与人力资源开发的特定项目,并设立相应的开发基金和实施计划的专项基金,通过这种方式吸引和鼓励服务的提供者。在《成人教育法》、《劳动力投资法》等相关法律实施过程中,联邦政府会设立数量众多的继续教育培训或人力资源开发项目,各州培训机构和企业都有机会参与进来,并且可以得到相应的实施资金,每一项投资计划都会吸引一定数量的提供者参与竞争。政府在不同的阶段,会根据继续教育或人力资源开发的实际调整项目，随着培训需求的改变，培训提供者则会不断调整自身的服务定位，及时跟进政府需求，他们创新的能力也随之增强。对于一些继续教育专项投资项目，政府还会及时评估和反馈项目的执行效果，将那些项目完成好、项目资金得到有效配置的培训机构作为标杆单位予以推广，增加标杆机构继续承担项目的机会，以充分发挥示范作用，这种机制也起到了很好的激励作用。

为了激励企业、家庭和个人参与继续教育，美国还通过税收冲抵、减免等间接方式提高支持的效果。根据人力资本理论，教育培训的投入不仅对企业、对家庭、对个人乃至对社会来讲都是一种有价值的投资，尤其是那些基础性、创新性教育培训项目，政府在提供一定的直接财政拨款的同时，也可以通过税收杠杆来调节和激励。从 20 世纪 90 年代开始，美国政府已经出台了多项税收冲抵或减免的政策，用于鼓励企业、家庭和个人参加继续教育与培训，认为政府这种积极的政策支持可以取得更大的经济和社会效益。为了鼓励大学生参与教育培训的积极性，美国政府在 2000 年规定，大学生在前两年中每年可以扣除 1500 美元的纳税基数，两年后每年可以扣除不超过1000 美元的纳税基数，很多成人大学生因此而受益。激励企业为员工提供大学教育资助，提高企业投资人力资本的积极性，每年可以免除多达 5250美元的纳税基数。为了鼓励成年人参与中等后继续学习，美国在 1997 年的时候还实施了"终身学习税收信贷计划"。政府除了通过税收冲抵、减免这种间接资助的方式鼓励人们参与终身学习，还会通过直接给予助学金的方式，直接对终身学习者以补贴和资助，如设立的联邦政府助学金、帕金森助学金、传统黑人学员补助金等，社会上很多弱势群体可以得到不同程度的资助，在一定程度上也有效地激发了成人个体终身学习的积极性。

继续教育本身是一个完整的系统，只有不同主体之间的协调配合才能共同推进继续教育的发展。为了整合教育培训市场的各类教育资源，促进教育培训市场整体化发展，美国还积极推进继续教育培训主体之间合作伙伴关系的建立和发展，他们倡导政府、企业、社会组织、社区学院乃至个人增进联络，构建各层面的伙伴关系。这些部门或个体组成咨询委员会，共同商讨解决继续教育发展中面临的问题，积极参与继续教育规划的制定和实施。在这一过程中，政府不仅是其中重要的成员，同时还会为合作伙伴关系的发展起到良好的推动、催化作用，并为合作伙伴达成的项目提供经费或政策上的支持。

（四）保障机制

在美国继续教育发展过程中，有效的质量保障机制是确保整个继续教育系统良性运行的重要保障。影响和制约继续教育质量的因素有很多，美国在继续教育师资培训、绩效责任制推行、加强评估与监管、信息技术的有力保障以及成人继续教育的科学研究与志愿服务等方面形成了一定的特色和经验。

重视继续教育的师资培训。美国成人教育活动中的兼职者和志愿服务者，主要由雇用机构或专业协会资助，参加在职的短期培训，学习实施某一成人教育项目所需要的技能。另外，对于成人教育机构中的专职人员，如大学推广部与继续教育学院的管理与教学人员，企业培训部门的负责人等，一般通过正规的学位教育方式来培养。从 20 世纪 30 年代开始，美国大学开设成人教育方面的课程，并开始授予博士学位。美国成人教育学科已经比较成熟，很多高校都设有成人教育的专业学位，主要是培训专职从事成人教育的教师。

建立以绩效责任制为核心的质量保证机制①。美国继续教育的质量很大程度上得益于其所建立的一套较为完整的绩效责任制度。联邦政府对成人继续教育的项目会实行严格的绩效考核和质量控制，会制定标准化的评估体系，确定项目绩效。在这方面所采取的主要举措包括建立统一的评估标准，选用恰当的评估工具，采用可靠的评估方式等。完整、准确的数据收集是绩

---

① 刘杉杉：《近十年美国成人教育发展述评》，《河北大学成人教育学院学报》2010 年第 2 期。

效评估的基础和关键，会直接影响到评估的质量。为此，美国在 2000 年启动了成人教育国家报告系统，用来系统收集各州和各机构的相关数据。所收集的信息数据非常详细，包括学生的身份信息，学生参与成人教育的类型与时间等方方面面，可以为客观评价教育绩效提供高质量的数据支撑。通过系统的继续教育项目绩效评估，可以客观分析项目资金的使用效益和项目本身所产生的教育效益，为进一步规划好项目发展提供依据。通过绩效评估的反馈，施教机构和学习者也能够形成客观的认识和评价，更加明确改进的方向和举措。

加强对教育培训质量监管。美国的继续教育机构种类繁多，也没有官方组织对继续教育的质量和效果进行直接监管，但非官方的监管行为同样产生了良好效果。一是通过参加评估认证来推进施教机构的建设，美国的第三方评估机构数量众多，评估机构的评估结果对培训机构的发展影响很大，培训机构只有通过了第三方在办学条件、办学标准方面的认证，才说明具有了相应的资质。二是市场监管，美国的继续教育培训市场比较成熟，形成了一套比较完善的市场监管机制，优胜劣汰的现象非常普遍，继续教育的消费者对提供者的监管发挥着重要作用。三是自律监管，有的培训机构自身为了加强质量建设，也会成立相应的质量监控机构，对继续教育办学行为和质量进行跟踪调查和监管。

强有力的技术支撑服务。美国作为现代信息技术的发源地和互联网技术的引领者，其发达的远程教育系统和现代网络教育为继续教育提供了强有力的保证。美国很早就开始利用现代信息技术推进继续教育，例如早在 1964 年就在大学率先运用电视转播课堂现场教学，首创了通过录像带开展工程师继续教育，这在世界各国都具有领先地位。到 1985 年，实现了通过卫星传递高等工程技术教育信号。1998 年，已有 60% 左右的学校开展网络教学。美国的现代远程教育发展迅速，到 2000 年底，增设网络教育并开通网络讲座的大学已占到总数的 75%。美国所建立起来的网络化的继续教育平台为提供高质量、开放式继续教育提供了强大支撑。

（五）沟通机制

在终身教育理论的倡导和指引下，现代教育发展的一个重要趋势就是构建终身教育体系，其基本的模式就是搭建终身教育的"立交桥"，实现多主体、多渠道、多形式、多层次继续教育乃至各类教育之间相互衔接与沟通。尽管美国并没有像英国等其他国家一样建立起完整的国家资格框架体系，但是也积极构建了具有自身特色的终身教育立交桥，在推进学分互认、沟通衔接方面不断有新的探索和突破。

美国继续教育体系复杂，办学机构众多，但各类成人教育机构建立起各种各样的联系，彼此之间能够做到相互衔接与沟通，使得学生可以很方便地在这些机构之间转学。为了实现这一目标，许多成人高校和社区学院、大学非常普遍的采用了弹性学制，相互之间的学分可以互认，这就有了非常多的学分积累和转换的路径，确保了人们可以在一生中的各个阶段随时接受教育，及时积累学分，符合条件还可以获取学位，公民终身学习的机会更加充分。

美国的大学与社区学院之间转学衔接是其继续教育领域实现沟通衔接的典型例证。作为继续教育重要主体的社区学院与大学之间实现了很好的衔接与沟通。这主要包括两种形式：一是传统形式的从社区学院转入大学，一般称为转学教育。当成人学生在社区学院修满规定的学时、学分，或者在已经取得社区学院副学士学位的基础上，可以向大学提出转学申请，经过学分认定和转换以及考核复核合格后，再进入大学高年级继续学习深造，从而获得进入四年制大学学习并获得学士学位的机会。这一制度设计有力地促进了美国高等教育的民主化与大众化，也推进了高等教育的多样化。二是近年来发展起来的大学与社区学院之间的反向转学，是指学生从四年制大学转入社区学院学习的转学形式。出现这种转学形式的原因是很多四年制大学的成人学生可能会由于课程衔接不当、学分互认不畅或经济保障不足等原因，不能够顺利完成大学学习任务，而转到社区学院学习。这种方式充分调动了成人持续参与学习的积极性，很多想中断学业的学生也有了进一步学习的动力。"许多反向学生是在职工作者，而社区学院正是开设了大量的夜间及假期课程满足这部分学生的要求，而且上课地点灵活，与反向学生的工作地点很近，这些都是四年制大学所不能做到的。"① 反向转学制度的设计，进一步加强了大学教育与社区学院之间的沟通衔接，高等教育与职业技术教育之间的边界也实现了突破，更加符合终身教育的理念。

联合国教科文组织积极倡导终身教育立交桥的建立，并强调建设面向所有人的学习成果认证制度。2012 年，在其所发布的《对于非正规与非正式学习成果的识别、验证和认证指南》中提出，"开发一些识别、记录、评价、验证和认证学习成果的程序，对于那些正规教育和培训机构之外的个人经验学习、自我指导学习和其他非标准化的学习形式，也应给予适当的考虑"。② 美国比较成功地探索"终身学习记录票"制度，用来记录个人的学习成果并取得了一定成效。为了实现这一目标，美国对学习成果评价制度进行了改革，如对已经大学毕业的社会人实施多种学习成果评价制度。在继续教育领域，设立了普及继续教育的学分——公共终身学习学分，证明成人参加继续教育和相关学习活动并取得相应的学习成果，在此基础上出台了针对课程学习结果的承认和转换机制。

美国创立了三种主要类型的公共终身学习学分。第一种是"继续教育学分"。主要是用来记录和认证成人所参加的正式的继续教育活动，通常每参加 10 个课时的继续教育就可以折合成一个学分。活动的类型主要包括专业继续教育、职业培训和成人开放教育，其所获得的学分在美国是一种被各类机构都认可的教育学历证明，参加继续教育的个体可以将自己所完成的每一项继续教育活动获得的学分经过认证之后累积、保存起来，适当的时候可以用于申请学位，它既可以为个体提供了一个教育成果的永久记录，也提供了

---

① 姜俊和、郝世文：《美国社区学院反向转学问题述评》，《外国教育研究》2018 年第 4 期。

② 联合国教科文组织终身学习研究所：《对于非正规与非正式学习成果的识别、验证和认证指南》，《开放教育研究》2012 年第 12 期。

促进学分积累、更新和转换的标准化信息。第二种是"自修学分"，是用来记录学习者个人在各种场合学习结果的一种学分，个体不论是在任何地方，都可以将学习的时间积累起来，学习的效果经过认证之后获得相应的学分，被认证为短期学分或非学分单元，也可以进行积累和转换。这种学分创立有利于激发学习者的自主学习行为。第三种"经验学分"，是一种将实践经验折合成学习成果的一种学分形式，这些经验包括社区服务、生活经验或职业经验等方面，都可以折合成相应的大学学分。"经验学分"在社区学院应用得比较普遍，社区学院一般会"把学生入校之前的工作经验折合成相应的经验学分，一定数量的经验学分可用于申请副学士学位；有些院校承认终身学习计划学分，等同于学院水平的课程学分；还有些教育机构在探索建立一套专门的评估程序，以确认学生通过先前的学习是否获得了相应的资格和能力"[1]。

---

[1] 米红、李国仓：《美国大学与社区学院学分互认机制研究——以北卡罗来纳州为例》，《比较教育研究》2007 年第 10 期。

第四章　英国继续教育管理体制机制

　　英国是世界上第一个工业化国家，率先完成工业革命后，国力迅速壮大，在 18 世纪末至 20 世纪初成为世界上最强大的国家，当时英国统治的领土跨越全球七大洲，号称"日不落帝国"。自此开始，英国一直在世界范围内有着巨大的影响力，是一个高度发达的资本主义国家。英国是英联邦首国、八国集团成员国、欧洲四大经济体之一。英国工业基础雄厚，航空、国防和生物制药是工业研发的重点，也是最具竞争力和创新力的行业。金融保险、零售、旅游和商业服务等服务业是经济发展的支柱产业，服务业产值约占国内生产总值的四分之三。农业在国内生产总值中所占比重不到 1%，从业人员约 45万，还不到总就业人数的 2%，低于欧盟国家 5% 的平均水平。英国的教育水平一直位居世界前列，有牛津大学、剑桥大学等多所世界一流大学。英国是全球最富裕、经济最发达和生活水准最高的国家之一，国民拥有较高的生活水平和良好的社会保障制度。英国人口约有 6605 万人（2017 年）。2018 年，英国 GDP 总计 3.4 万亿美元，位居世界第五位。人均 GDP 为 42260 美元，位居世界第 20 位。人类发展指数为 0.922（极高），在世界上排第 14 位。

一、英国继续教育发展的基本脉络与主要特点

　　从国际范围内继续教育的发展来看，英国无疑具有典型的代表性，被称为"世界继续教育之乡"、"现代成人教育的发祥地"，可见其继续教育的历

史之悠久。英国继续教育的发展成就也十分突出，号称"继续教育王国"，足见其实力之强大。早在英国的《1944 年教育法》中就有对继续教育基本内涵的界定，认为"继续教育是与初等教育、中等教育相衔接的公共教育体系的组成部分，主要为接受完义务教育者提供职业教育、普通教育和闲暇教育"①。这也使英国成为世界上第一个将继续教育纳入国家公共教育体系的国家。1977 年，英国对成人教育制度进行了新的调整，提出：在连续的学校学习结束后，应将作为公共教育制度组成部分的继续教育与传统的成人教育合并。1988 年《教育改革法》颁布之后，"继续教育"一词被定义为非高等教育的继续学院教育。英国继续教育的对象主要是完成义务教育（16 岁）后不能升入第六学级或第六学级学院（相当于学术性高中）学习的学生。继续教育学院作为英国开展成人继续教育的主要机构，兼有职业教育和普通教育的双重功能，但从社会的实际需求和所发挥的作用来看，主要以开展技能培训和能力提升的职业教育为主。英国有许多独立的继续教育机构，这些机构的学生毕业后既可以升入高校继续深造，也可以直接就业。从英国传统成人教育的历史来看，它主要是对社会成员开展文化、教养方面的教育，重视公民个人根据兴趣自由选择学习的内容，当然也包括业余时间的闲暇教育。尽管英国的成人教育也有自身特定的对象，但也有学者认为，英国继续教育包括范围很广，一般将成人教育、职业教育、技术教育、青年培训等，都列入继续教育的范畴，② 这一点也是英国不同于其他几个发达国家的一个主要方面。

（一）基本脉络

20 世纪五六十年代，以联邦德国为代表的许多欧洲国家在人均国民生产总值等许多方面赶上并超过英国，使这个老牌大国再次受到严峻挑战，英

---

① 吴雪萍、项晓勤：《英国继续教育改革探析》，《比较教育研究》2008 年第 5 期。
② 廖伟群：《英国继续教育的特点及其启示》，《教育导刊》2004 年 8 月号上半月。

国开始反思自己在教育方面存在的问题，并导致了60年代的教育大扩张。英国开始为自己正在消失的优势而担忧，英国的领导人也意识到良好的教育和优良的公民素质对国家发展的重要性，提出要培养更多的科学家、工程师和技术员，倡议要充分利用学习转化为国家的竞争优势，使英国的教育做得更好。在20世纪六七十年代，教育在英国社会发展中的地位得到了一次较大的提升，被视为经济发展和社会公平的关键，教育对社会的影响力明显提升。继续教育作为教育的重要组成部分，伴随着英国工业的极大发展也进入了爆炸性扩张时代，在恢复战争创伤、发展经济、安排军队转业人员等方面发挥了重要作用，成人继续教育机构向多样化、多层次扩展，初步构建了英国成人继续教育的体系框架。在这一时期，英国的中等继续教育机构得到了较快的发展，陆续建立了地方专科学校、地区专科学院、地区学院和高级工科学院等四种形式的中等继续教育机构，教育的内容突出实践性和职业性，直接服务于产业技术的发展。高等教育中的继续教育体系也得到发展，创立了英国开放大学，开辟了成人高等教育新领域。出现了一些新型的综合性成人教育机构，比如集教育、娱乐、体育运动于一身的英国乡村学院。在这一时期，英国的成人继续教育开始将重点转向职业教育，以更好地服务于国家对职业技能人才的需求，并逐渐构建起英国的职业培训体系，企业教育和社会培训工作也逐渐兴起，在经济、科技和社会发展中的作用越来越重要，逐步形成了以技术层次或职务类别为基础的职业培训体系。

60年代中期之后，终身教育思想开始影响英国成人继续教育的政策，为了更好地满足成人的学习需求，尤其是职业发展的需求，继续教育逐渐增加了职业技术的内容，侧重于提升成人的实际应用技能，有效地解决工作面临的现实问题。发展到70年代，出现了成人教育向继续教育合拢的趋势，原本区别很明显的两种教育类型之间的界限也不再那么清晰，最终形成了成人教育的改革，职业技术教育的很多内容开始纳入到成人教育课程设置之中，被赋予了职业教育功能的传统成人教育顺应了英国的现实需求，发展的动力进一步增强。80年代后，为了减少失业率，推动经济复苏，英国的成人继续教育机构更加注重职业培训，国家继续教育政策目标是通过为更多的成人提供与工作相关的教育和培训。80年代的世界经济全球化日益强劲，人类社会开始向知识经济时代和后工业化社会转变，发达国家的教育改革成为共同取向，出现了基本的结构调整。围绕英国经济增长和社会发展的重点，政府进一步加强了对继续教育的引导和控制，催生了具有代表性的继续教育学院这一具有英国特色的教育组织。这一时期，另一个在发达国家所普遍出现的现象，同样在英国也产生了强烈的反响，那就是终身教育和终身学习的理论与实践的出现，它加速了各种类型教育之间的交流和整合，职业教育和学术教育之间的严格边界开始逐渐被打破。信息技术的广泛应用、软件业的迅速进步以及电讯业的快速变化，促进了继续教育的极大进步。

80年代后期到新世纪之交，在欧洲统一市场日渐形成，全球经济竞争日益激烈，"知识革命"所带来的挑战日益严峻的环境下，英国开始关注终身学习社会的建立，高度重视16岁后的继续教育问题。1997年新当选的工党政府开始将"终身学习"和"学习型社会"作为发展教育和重构社会的重要理念，在其所采取的一系列社会改革尤其是教育改革中努力将终身学习社会的理念转化为具体的政策行动。90年代之后，重点通过制度改革来有效提高公民职业技能水平。政府积极鼓励和支持国民通过终身不断地学习来掌握新的技能，他们认为国家竞争力的提升与国民的职业技术水平是有直接联系的，和一个国家拥有高质量职业资格的数量的多少也是密切相关的。1992年，英国颁布了继续教育和高等教育法案，成立了继续教育拨款委员会，通过推出一系列法规和各种政策文件，适时调整继续教育结构，以满足不同背景群体受教育的需要，在解决提升青年人职业技能方面取得了显著成效。

21世纪以来，英国通过一系列发展措施提升和改进继续教育质量，以进一步提升国民的技能水平。为了进一步建立起知识和职业之间的对应关系，充分体现职业资格所体现的知识含量和技能水平，英国教育与技能部从2001年开始采用一种新的技能资格证书体系，所涉及的领域包括通信、数字和信息技术运用等，并开始广泛用于继续教育和培训中。为了帮助建构一种竞争性的经济和全纳的社会，2002 年英国的教育与技能部发布了《传递结果：到 2006 年的战略》的报告，强调要在教育标准和技能水平上达成卓越，并为此制定了新的战略目标；强调要为每个人的发展创造良好的学习机会，最大限度释放人的潜力，最有效率地发挥知识和技能的作用。2006 年 3 月，教育与技能部公布了《继续教育——提高技能并改善生活机会》白皮书，旨在改变年轻人的生活且面向未来提升技能，强调把新经济使命放在继续教育部门角色的核心位置。白皮书得到了商业社团和继续教育院校的强力支持，为确保英国经济持续繁荣提供了高素质的劳动力保障。2010 年 11 月，英国商业、技能和创新部发表《强劲、可持续和平衡增长之路》的报告，指出要确保英国在扩大的全球经济竞争中处于有利地位，必须让人们通过学习达到改变的目的。实施公民技能战略，是实现英国经济回归平衡和实现可持续增长的路径。2010 年 7 月，发布《为了可持续增长》咨询报告，再一次强调继续教育与技能体系在促进经济可持续增长方面的作用，并正式提出《为了可持续增长的技能战略》。2014 年，颁布了《支持继续教育领域培养卓越劳动力的政府战略》报告，阐述了英国继续教育领域取得的成就与面临的挑战，围绕培养卓越劳动力的目标提出了促进继续教育领域的改革方案与行动计划。为促进继续教育领域的专业化进程，明确继续教育与培训的发展重点，制定科学的应对政策，专门成立了"教育与培训基金会"，有力地促进了继续教育的改革发展。2015 年，卡梅伦政府承诺"到 2020 年创造 300 万个学徒岗位，英国迎来激进的学徒制改革"[1]，试图通过学徒制改革，提升英国的职业技术教育水平，为职业场所培养和提供更多数量的高技能人才，改变当前英国工人技能水平不高的状况，并为此提出了一系列学徒培养与技能培训的实施计划。

---

[1]　李震英：《英国将迎来激进的学徒制改革》，《中国教育报》2015 年 10 月 21 日第 11 版。

（二）主要特点

一是技能战略推动继续教育持续改革发展。英国与其他发达国家相比劳动力素质偏低，成年人的技能水平需要提高，这成为继续教育改革所要解决的首要问题。有些人是因为技能低而导致失业，有些人是因为不具备二级以上资格而不能很好地适应工作、完成任务，这些都会对英国的劳动生产率带来影响。近年来，英国陆续推出了一系列生活技能计划和技能战略计划，其目的就在于通过继续教育与学习的途径，使工人的读、写、算等基本能力、计算机基础技能和中高级岗位技能得到普遍提升，推动就业人员的整体技能水平和综合素质得到提升，达到通过提高技能的战略来武装国家的劳动力。90 年代以后，英国开始将人力资本的投资作为国家的一项战略性投资而给予极大的支持和关注，将其作为适应世界经济发展趋势和改善本国经济发展状况的必要路径。政府尤其认识到了投资于人的培训和发展，对于经济增长、社区繁荣和国家竞争力的关键作用。在著名的《迪尔英报告》中更深刻地提出了建设学习型社会的紧迫性，指出在 21 世纪的时代，在经济上取得最大成功的国家一定是那些已经建成学习型社会的国家，学习成为社会的基本特征，政府要通过有效的教育和培训使所有人都成为终身学习的人。在另一部经典的《学习时代》绿皮书中，英国政府强调为了达到持续的增长，必须要有一支受过良好教育、有着良好准备、并且能够适应环境变化的劳动大军，不管对个人还是国家来讲，学习则是通向繁荣的关键。这样，学习与国家繁荣之间就构成了紧密的关系。分析英国近年来所颁布的诸多成人继续教育或培训政策文本，可以发现不断强化职业技能、就业技能的重要性，强化人力资源与经济竞争力之间的密切联系，在这些政策中"技能"这一概念成为核心，成为国家发展战略中的核心要素。

二是课程体系更加符合学生和雇主的需求。英国继续教育的内容贴近工业技术发展的进程，特别强调社会职业的供给，在课程体系的设立方面更加突出雇主的需要。2000 年 9 月，教育和技能部正式实施了改革后的继续教育课程和资格体系。① 新的继续教育课程体系与职业标准之间建立起密切联系，国家职业资格课程采用最新的职业标准，由此而建立起职业标准、国家职业资格课程、继续教育课程体系之间的内在逻辑关系，可以将新的继续教育课程体系看成是根据特定职业的需求而制定的，根据劳动力市场的需求及时进行更新调整。另一个创造性举措是设立"关键技能"资格证书，突出岗位人员为完成任务所应具备的核心技能，并以此开发继续教育领域的"关键技能"课程，鼓励学生积极学习促进"关键技能"形成的"关键课程"。与此同时，继续教育的定位还向社会生活领域扩展，其课程内容也注重改善民众的生活质量，如提升社区凝聚力建设、公民教育等，如在对英国莱斯特市市民课程分析研究中发现，这一举措使"学习者提升了自己的关键生活技能，加深了对自身权利的认识、对本地服务资源的理解，使自己更好地参与和融入社区和社会活动"②。

三是继续教育学生数量众多，类型多样。继续教育学生的年龄范围是16岁以上的所有人群。自1993年4月第六学级进入继续教育领域以后，人数更是大大增加。继续教育所涉及到的人群领域主要分为四类：一是失业人员，所提供的教育内容一般与工作所需要的技能和需要获得的职业资格直接相关；二是需要承担新的角色任务的人员，他们需要适应新的环境，如对退休人员、转岗人员所开展的培训；三是一些具有特殊专业要求或参加基础成人教育的人员，他们可能是为了掌握特殊行业的专业知识，要么是缺乏最基本的知识与技能；四是希望通过继续教育接受一般的知识或素养教育的人员。此外，还有特殊需要的学生，如少数民族、妇女和特殊学生等。

四是继续教育学生可以通过多种方式参加课程学习。成人的技能培训与

① 吴雪萍、项晓勤：《英国继续教育改革探析》，《比较教育研究》2008年第5期。

② Sattar, M.and Huda, H.How the Citizen's Curriculum supports engagement in city life.(2015-02-15)[2020-02-29].https：//www.learningandwork.org.uk/2015/02/25/how-citizens-curriculum-supports-engagement-city-life/.

学习在学习的时间上具有多种选择，主要包括：有完整全日制的学习方式，一年要参加 30 周以上的学习；部分全日制学习，一年要参加 4—30 周的学习；阶段性时间的学习，雇主让员工在 3—4 周的时间内集中学习培训；部分工作日时间的学习，比如雇主每周给员工留出 1 天的时间进行学习培训。除此之外，也有的员工利用自己的业余时间而非工作时间进行学习，或通过夜校、开放和远距离学习的方式学习。在教育的方式上，除了雇主所组织的各种形式的技能培训外，针对公民的社区教育也呈现出多样化特征，出现了参与式教学、非指导性教学以及实践教学等多种方式，更加适应以成人学习者为中心的教学理念和学习模式。

五是持续推进现代学徒制改革。作为老牌工业化国家，英国的学徒制有着较长的历史和自身的特色。由于英国的继续教育具有强烈的职业教育色彩，英国学徒制改革一直也是英国继续教育领域中的核心话题。为了培训国家技能战略，英国积极推动学徒制改革，推进现代学徒制建设。2003 年以来，英国财政部、教育与技能部联合推出了新的国家现代学徒计划，呈现出一些新特征，成人继续教育作为其中的重要组成部分，也给予了特别的关注。[①] 例如进一步放宽了年龄限制，扩大到 14—16 岁的青少年和 24 岁以上的成人可参加，成人参加现代学徒计划的人数大大增加。再如专门设计了新的面向成人学徒计划的培训内容，在课程内容的设计上充分征求雇主、资格与课程署、员工个人等不同主体的意见，更加综合反映各利益相关者的不同需求。新的学徒计划还特别注重学习者的个体差异，建立起更加灵活、富有弹性的培训过程，"尤其是对参加成人学徒制的学员，对其以往工作经验和所学技能，以学分的方式予以认可。在完成规定学习内容的条件下，允许其适当缩短培训时间"[②]。

---

① 范琳、吴雪萍：《英国成人教育改革探析》，《外国教育研究》2007 年第 1 期。

② DFES, LSC.21st Century Apprenticeships- End to End Review of Delivery of Modern Apprenticeships. London: Dfes, 2004.4-6.

二、英国继续教育管理体制

（一）组织领导

英国被认为是"世界上继续教育成绩显著的国家之一"①，这一成就，在很大程度上得益于其所建立的一套分工合理、责权分工、运行通畅的行政管理体制。

英国继续教育行政管理在 20 世纪六七十年代就形成了比较完善的地方分权制模式，地方行政机构承担着有关继续教育组织和管理的主要职责，地方政府中的教育行政主管部门则具体负责各地继续教育发展的管理工作。教育科学部及后来设置的教育与技能部作为中央政府教育管理的职能机构，并不具体执行有关的继续教育政策，而主要承担着宏观调控和总体监控的职责，例如涉及继续教育发展所需经费的提供与补助问题，协调继续教育领域的争议性问题，为继续教育发展提供参考性意见等。在管理的方式上，一般不直接向地方政府或继续教育机构下达行政命令，而是通过备忘录、文件传阅等方式表达所要提出的意见，这种意见不同于行政指令之处就是并不具有法律上的强制力量，地方政府并非一定执行落实，而是要根据地区实际情况作出选择。可以看出，在英国，中央政府对地方继续教育决策并不进行直接干涉，对其经费也不加以控制。政府对继续教育机构的管理也是如此，尽管政府对这些机构承担着主要的财政拨款的责任，但也很少干涉这些机构的运行或发展，而是根据自己的实际情况向社会提供适当的继续教育服务。这种管理充分体现了"全国体系、地方执行"的原则，形成了管理体制上地方分

① 蒋艳红、陈琳：《英国〈继续教育与技能计划（2010—2013）〉及其启示》，《中国远程教育》2011 年第 8 期。

权的鲜明特点。这种体制，一方面能很好地调动地方和有关方面的积极性和主动性，造就各地继续教育发展的不同特色，有利于形成各自不同区域典型的继续教育发展模式；另一方面，在分权管理的前提下，又通过地区总监这些中介机构和其他一些官方与民间组织，保证了中央和地方教育行政部门之间的密切联系，国家宏观调控的职能也通过这种途径得以实现。

分散决策的管理体制有利也有弊，其主要弊端在于难以实现国家对继续教育的统筹规划和统一标准的制定，中央政府的权力被削弱。英国政府也考虑到地方分权给管理带来的一系列问题，他们一方面注重加强与地方的合作管理，尤其是加大监管的力度；另一方面对管理体制进行了改革调整，中央政府对继续教育管理和控制逐步得到加强。尤其是1988年的《教育改革法案》和1992年的《继续和高等教育法案》出台后，中央逐步收回了一些对继续教育管理的权力，进一步加强了中央权威。中央政府对继续教育的管理和控制主要通过以下方法实现：一是经费的管理与控制。尤其是政府出资举办的各类继续教育机构，政府通过经费拨付的管理实施对机构或课程的管理，中央政府可以提出相应的办学规范和绩效标准。例如大学成人教育经费的80%是来自于中央教育科学部的资助，因此在大学继续教育领域中央政府的权力影响最大。二是国家学位制度和文凭考试制度。建立全国统一的学位制度有利于加强政府的统筹监控，英国为此成立了"全国学位授予委员会"，负责大学以外一切高等教育课程的评审和学位文凭的颁发工作。继续教育在长期的发展历程中建立了一套完整的国家考试制度，凡是由政府颁发证书的成人教育，都要经过严格的学习过程和考核过程才能获得证书，政府监管的力度比较大。三是通过规划重要的教育项目实现控制。四是通过出资组建各种教育咨询委员会，协助政府对继续教育实施管理。

目前，在英国已经构建了清晰的继续教育三级管理框架。2000年7月实施《学习与技能法》，2001年4月建立学习与技能委员会，取代原继续教育基金委员会，对继续教育机构进行资助和指导，同时建立47个地方学习和技能委员会，加强与社区教育组织的联系。2001年，教育与科学部更名为教育与技能部，在部门职能方面进行了重组，"增添了终身学习与高等教育管理机构，政府越来越重视继续教育，而且越来越重视继续教育领域中的技能培训"。[①] 近年来，英国加大了继续教育管理体制的改革力度，对国家整体继续教育管理体制进行了持续的改革、规划和调整，使其更适应英国技能战略的实施。2006 年，英国重新设计了继续教育管理体制，初步构建了从上至下的三级行政管理框架，进一步理顺了各层级之间的权责关系。第一层次是中央政府的继续教育行政管理机构，教育和技能部承担着战略规划、框架制定、总体协调和质量监控的职责；第二层次是学习和技能委员会及其下属的地区委员会，由其具体负责各地区继续教育的发展规划和实施；第三层次是具体开展教学与管理的继续教育和培训机构，他们根据自身的定位和发展目标，在国家宏观统筹和学习技能委员会的指导下，开展自我管理，具体落实各项政策制度。2007 年，英国又对学习与技能委员会进行了较大幅度的调整，优化了结构设计，提高了运行效率。在这次改革中，英国取消了原来设立的 47 个地方学习与技能委员会，对学习与技能委员会的职责进行了整合，使之作为继续教育政策与管理的执行机构，在地区继续教育管理中发挥着主导作用。由此，"学习和技能委员会对继续教育和培训机构的干预权也随之扩大，成为英国继续教育的主要管理机构"[②]。2009 年，英国政府又解散了学习与技能委员会，由地方教育局、新成立的青年学习署和原来的技能基金署三个机构分别承担相应的继续教育管理职责。其中，地方教育局负责承担对 16—19 岁青年学习者的管理职责；青年学习署承担向英格兰 16—19 岁继续教育的青年学习者、教育机构以及地方教育局提供拨款的职责，对继续教育项目规划进行论证，对项目业绩开展评估，开展相关的政策咨询，保障继续教育质量；技能基金署则重点整体设计和具体推进现代学徒制的改革，并承担对 19 岁以上成人学习者拨款的职责。总体来看，经过持续

---

① 匡瑛：《英国近十年的继续教育概述》，《外国教育研究》2002 年第 6 期。

② 吴雪萍、项晓勤：《英国继续教育改革探析》，《比较教育研究》2008 年第 5 期。

调整和改革，英国建立起了越来越清晰的三级管理框架。

在英国三级行政管理框架之外，一些非政府组织在组织管理中也起着直接或间接的重要作用，政府也对这些机构的管理职责进行了明确的界定，可以确保他们发挥不同的管理功能，并与政府一起形成共同管理的协同效应，主要包括"负责继续教育质量保障的质量促进委员会，负责职业课程开发的职业卓越中心，负责改善和提高继续教育机构领导水平的优秀领导中心以及负责技能开发的学习和技能开发委员会等"①。

（二）办学体制

英国继续教育办学体制也明显表现出多元化的特征，不同主体承担着不同的教育职责，共同构成了比较完善的继续教育体系。其中，继续教育学院是英国开展继续教育的最重要也是最典型的专门机构，此外，高等学校、产业大学及其直接学习中心、民间组织、公司等机构均承担着重要的成人继续教育使命，而开放大学的建立则进一步拓宽了继续教育的领域和空间，在网络信息时代发挥着更加重要的作用。

继续教育学院。继续教育学院是英国实施高等职业继续教育的主要场所，已经有长达 200 多年的办学历史。继续教育学院经过不断变革与发展，成为兼具职业培训、学历教育和终身教育等多种功能的教育机构，其受教育对象主要是义务教育（16 岁）后未能顺利升学的学生、待业青年、企业员工以及社会弱势群体等。各地方继续教育学院的办学规模不同，所设置的专业和课程数量也有差别，有的仅侧重于职业教育，有的则有较多的教育类型，包括学术教育、成人教育或专业培训证书课程班之类的，还有的继续教育学院会提供大学学位的相关课程。随着英国高等教育的普及化发展，继续教育学院的高等教育功能也得到明显增强。英国《21 世纪的教育和训练》

---

① 吴雪萍、项晓勤：《英国继续教育改革探析》，《比较教育研究》2008 年第 5 期。

（1991 年）认为继续教育学院应该为更多的青年提供更多高质量的继续教育和培训的机会，培养他们向上的动机，提出建设更高水平的继续教育学院的目标。为了充分发挥继续教育学院的特殊功能，推进其发展，英国也是多次发布相关政策和法令，如 2006 年教育与技能部发布《继续教育——提高技能改善生活的机会》白皮书，认为："继续教育学院为年轻人与成年人提供了适当的技能，是提升经济发展能力与提高年轻人和成年人技能的重要途径。"① 近年来，英国继续教育学院又出现了一些发展的新动向，在发展定位上更加突出市场导向，更加注重与区域产业需求密切结合，特别是及时跟踪产业界的变化趋势和需求导向，在职业继续教育的内容设计、考核标准及教学安排上都符合产业界的需求。这种有针对性、适切性的培养模式，使继续教育学院在国家技能战略体系中的地位更加突出。

高等学校。英国高校举办的继续教育在世界范围内是最早的，大学的继续教育发展主要起源于英国大学中的推广运动。这一传统一直到现代仍然被保留下来。英国的大学都会将继续教育作为学校整体工作的重要任务，大学一般都设立推广部或专门的继续教育学院，有全时的教学和行政人员，是学校系统的重要构成部分。英国大学的继续教育有自己的特色和传统，"大学把英国全境划分为若干责任区，分别由一个大学的推广部负责。大学所举办的继续教育多数属于博雅课程"② 。牛津大学作为在英国乃至世界范围内开办继续教育课程最早的大学之一，始终坚持开放办学，将自己的知识和成果贡献于社会。作为世界顶级大学之一，牛津大学有着丰富的学术资源和技术资源，学校利用其优势，广泛开展各种形式的继续教育服务。牛津大学对继续教育的发展秉持鲜明的理念和宗旨，他们强调要通过继续教育，实现知识的及时更新，以适应迅速发展变化的社会趋势；注重为社会成员及时补充最新的知识和技术；同时也关注社会弱势群体对继续教育的需求，为那些失业人

---

① 胡乐乐：《英国政府公布〈继续教育白皮书〉》，《中国职业技术教育》2006 年第 20 期。

② 乐传永：《英国成人教育改革与发展的主要特色与启示》，《陕西师范大学继续教育学报》2006 年第 1 期。

员和无业人员提供就业培训，为那些没有获得大学文凭的人员提供再次学习并获取学位的机会。牛津大学的继续教育还特别注意培养成人的创新精神，使他们能够适应挑战性的职业，同时也为成人及社会发展提供更广泛的智力支持。英国另一所世界一流大学——剑桥大学也是将继续教育作为一项历史使命，不但重视本科生教育、研究生教育，也将继续教育一同纳入学校人才培养体系。继续教育具有更广泛的社会联系性和开放性，不仅可以作为大学推广教育资源的重要手段，也是大学与行业、企业沟通的纽带。剑桥大学的继续教育学院会联合其他学院为社会提供更广泛的教育服务，他们会"面向社会大众，包括成年人和没有机会接受大学教育的'非传统学生'，传播大学教育理念，拓展大学优质学术资源，传授激励人心的学习经验，促进个体知识扩充和职业发展"①。

产业大学和直接学习中心。产业大学也是极具英国特色的继续教育与培训机构，是包含了众多直接学习中心在内的体系化的学习网络。1999 年英国产业大学开始组建，2000 年开始运营，成立的宗旨是为了更多的从业人员有更多参与学习的机会，可以随时随地进行学习。为了实现这一目标，产业大学充分发挥现代通信技术的强大功能，构建了一个基于互联网学习的系统学习网络，为学习者提供了高品质的课程资源和学习服务活动，成人学习者可以非常方便地在任何时间、任何地点开展学习，也由此成为世界上最大的在线学习组织。产业大学的教学内容设计是直接与市场需求紧密联系的，通过产业大学的学习，更多的成人学员及时补充了知识，提升了技能，有效地满足了劳动力市场的知识和技能需求。

民间组织。由于历史的原因，英国的民间组织在社会发展的各领域都是一支不可或缺的重要力量。在成人与继续教育领域，也同样活跃着众多的民间社会组织，它们积极承担成人与继续教育责任，通过多种方式贡献自身的力量，也由此使得英国成人与继续教育机构更加多元化。从历史来看，比较

---

① 沈悦青：《剑桥大学继续教育现状》，《课程教育研究》2015 年 6 月上旬刊。

有名的是 1903 年由成人教育家曼斯伯利基创立的"劳工教育协会",在为劳工和社会弱势群体提供受教育机会、倡导和推进终身教育、促进社会教育民主化进程中发挥了重要作用。这一协会在全国设有大量的分支机构。从现实来看,英国活跃着数量众多的继续教育民间组织,比如全国女子学院同盟、全国城市妇女互助会同盟、退休前协会等。他们"积极参与举办各种成人教育活动,这种支持与办理成人教育的民间团体,成为英国成人教育发展的一大特色"①。

开放大学。英国的开放大学是世界范围内举办最早也是最成功的远程教育机构,对世界远程教育的发展做出了重要的贡献,我国的广播电视大学也是借鉴了英国开放大学的理念与模式。英国开放大学于 20 世纪 60 年代创办,经过半个多世纪的发展,已经形成了比较成熟的管理模式和运行机制。英国开放大学首先坚持开放办学的理念,为所有的成人学习者提供接受高等教育的机会,不设置入学的门槛,入学者不需参加统一的考试,只要年龄达到 21 岁以上就可以通过注册形式入学。其次,英国开放大学的专业设置和教育层次比较齐全,设有单科、专科、本科多种层次,甚至还开办有研究生培养项目,可以在理、工、农、医、教育、人文等众多学科授予学士、硕士甚至博士学位。再次是开放大学的办学形式新颖,授课方式多样,包括有线电视、广播、面授、自学等。英国开放大学的办学理念和办学模式深受成人学习者的欢迎,学生规模巨大,可以说是世界上最大的大学。在英国开放大学中,既有课堂学习也有专题学习;教学方法主要有看电视、收听广播、定期接受教师辅导、自学和参加面试等;它以新颖的办学形式、开放的入学政策、齐全的专业设置、宏大的办学规模以及为成人学生设置的大量本科生和研究生专业等特点,吸引大量成人求学者。在学习上,实行完全的选课制和学分制。英国开放大学的教学与管理手段也与时俱进,随着现代网络技术的

---

① 乐传永:《英国成人教育改革与发展的主要特色与启示》,《陕西师范大学继续教育学报》2006 年第 1 期。

发展，开放大学的管理手段不断更新以适应最新的社会学习需求。英国开放大学的经费有充足的保证，"89%的经费来自政府拨款，9%来自学生学杂费，2%来自销售课程教材的收入"[1]。

公司企业。英国是最早实现工业化的国家，有着众多的世界知名企业。在技能战略的引领下，英国的公司企业日益认识到技术工人对企业发展的极端重要性，并进一步理解继续教育和技能培养对公司发展的必要性。越来越多的企业老板开始重视公司内部的员工培训，继续教育在公司发展中扮演着越来越重要的角色。除了自办培训机构和培训项目外，很多的公司企业会和专业的继续教育机构开展合作，采取联合培养的方式满足企业的人才需求。企业往往通过"人才订单"的形式向继续教育和培训机构寻求合作，然后通过"量身定做"获得自己真正需要的技能人才。

（三）法律制度

成人教育制度的法制化是成人继续教育发展现代化的重要标志，英国在这方面走在了其他国家的前列。早在1944年的《教育法》中就规定成人教育是国家教育制度的重要组成部分。该法第一次规定提供继续教育是地方教育当局的法定责任。通过立法的形式将继续教育纳入到国家的教育体制之中，在一定程度上标志着继续教育地位的确认，同时也标志着英国继续教育体系的诞生。1948年，英国颁布了第一部有关培训的法规——《就业培训法》，要求各地建立"青年就业服务"机构，为中学毕业生提供职前培训。1964年颁布了《工业培训法案》，使继续教育学院的职业培训有法可依，在这一法案的影响下，英国的培训项目扩大了职工培训的参与度，增加了脱产学习的机会。1973年颁布了《就业与培训法案》，开始实施一系列规划项目，加强失业青年的培训。而在1988年颁布的《1988年教育改革法》中，重新

---

① 张维:《国际成人教育比较研究》，工商出版社1996年版，第231页。

规定了地方教育当局在义务教育后教育和培训中所承担的角色和责任，并且首次划定了高等教育与继续教育的不同，规定包括继续教育学院在内的高等教育院校将脱离地方教育当局的管辖，成为"独立"机构。

20世纪90年代以来，英国通过持续颁布一系列法律法规，对成人继续教育活动进行有效宏观调控，适时调整教育结构，平衡和满足个人需求与社会需求。英国是一个特别强调公民权利的国家，接受继续教育也被视为公民应该享有的基本权利，这些体现在英国法规所确认的"教育机会均等"的原则之中。

英国在1992年颁布的《高等教育和继续教育法》为推进上个世纪末期的继续教育改革提供了法律保障。这部法律包括了继续教育和高等教育两部分，它以高等教育的法律规定为主，但涉及到成人继续教育的内容主要也有62条，详细规定了继续教育的管理、实施、拨款等细则。该法典型的制度创新主要体现在以下两个方面。第一，成立英格兰继续教育基金委员会和威尔士继续教育基金委员会法人团体。两个委员会成为这一时期英国继续教育政策制定和管理的主要机构，委员会的职责主要是保证为各自辖区内的人员提供充足的继续教育设施，为超过义务教育年龄而未满19岁人员提供适合的全日制教育，为所有超过义务教育年龄的人员提供其所要求的部分时间制教育。委员会也被赋予了相当大的权利，特别是他们有权决定对继续教育法人团体的财政资助，要向国务大臣提供有关辖区内人员继续教育工作的信息或咨询，要对继续教育的质量进行评定，为此每个委员会都建立了一个"质量评估委员会"。委员会的委员必须目前正在从事继续教育工作或负责这类工作，他们应该具有丰富的继续教育工作经验和工作能力。第二，成立继续教育法人团体。继续教育法人团体是提供继续教育服务的施教机构，但英国对这类机构成立的要求一直比较严格。根据该法案，成立继续教育必须符合新的条件，即教育机构中超过义务教育年龄而又未满19岁的接受全日制教育的学生的比例不低于60%。符合条件而成立的继续教育法人团体就可以按照规程开展继续教育活动，以及与继续教育有关的物资提供或服务，以及它认为办学所需要的任何设施。同时，继续教育法人团体还可以得到或处理土地及其他财产、签订合同、借贷、投资，接受捐赠的钱物、土地，可以设立奖学金等。英国1992年的这部关于继续教育的法律制度，描绘了成人继续教育发展的新蓝图，掀起了英国成人继续教育的新变革，也有效地提高了成人继续教育的质量和水平，它所推出的很多措施开启了英国继续教育非计划性市场引导的新时代。

2000年实施的《学习与技能法》也是英国继续教育领域具有开创意义的一部法律。这部法律的主要突破点体现在以下三个方面，一是对继续教育管理体制改革的调整，主要是学习与技能委员会的成立，包括中央一级和地方一级的，学习与技能委员会取代了原来的继续教育基金委员会，承担起对继续教育机构资助、指导和管理的责任，扩大了对成人学习活动的资助。地方学习与技能委员会的设立还加强了与社区教育之间的联系，整合了政府与社会组织的教育资源。二是为了促进地方成人继续教育活动的开展，平衡发展成人学习的机会，使继续教育项目的质量得到有效保障，该法提出要建立成人学习督导制度以加强对继续教育过程和效果的管理。三是创造性地提出了建立"个人学习账户"的制度设计，所有的社会成员都可以纳入其中进行管理，有效地激发了个体终身学习的积极性。这部法律在英国也产生了深远影响，诸多举措的推行奠定了英国终身学习制度设计与推广的坚实基础，保障了终身教育活动的积极、有序开展。

由英国教育与技能部、全国学习与技能委员会在2002年11月联合颁布的《为了每个人的成功—继续教育与培训改革法案》对加大继续教育投资力度、推进技能战略深入实施发挥了重要的作用。例如，该法案提高了现有的技能标准，重新设计了新型的学习与技能版块，更加适合成人学习和满足工作需要。法案还推出了数额庞大的财政支持计划，在2002—2003年期间投资70多亿英镑用来提供继续教育和培训，参与的机构达到4000多个。该法案还进一步制定了14—19岁青年教育改革政策，实施提高成人文化和数字技能的专项计划。此外，新世纪以来，英国还在2007年颁布了《继续教育和培训法》，核心内容是在法律上确保继续教育在国民教育中的地位，确保继续教育的财政投入，进一步明确政府和企业的责任。在 2009 年颁布了《学徒制、技能、儿童和学习法案》，弥补了学徒制方面立法的空白，精简了成人行政管理机构，提升了地方发展继续教育的积极性。

英国最新颁布的与继续教育发展有关的法律是《2017 年技术与继续教育法》。这一法律围绕英国所面临的社会发展中技能短缺的紧迫问题，提出了诸多改革的措施，有力地推进了英国的技术与继续教育改革。这一法律成为进入 21 世纪以来，英国进一步提升技能战略的重要举措，对改进当前和今后一段时期内的技能短缺问题起到直接的促进作用。该法的主要目标是帮助人们不断增强自身的职业竞争力，以适应经济社会快速发展的需要，并通过设置学徒与技术机构将技术教育渗透在其中，来提高人们对技术教育的认识与重视。通过进一步完善技术与继续教育的相关规定，让学习者可以随时自由地获得技术与继续教育机会，并在法律上为人们如愿接受技术与职业教育提供有力保障。该法案为了确保各类继续教育机构的顺利实施，着重在继续教育的破产、行政管理以及赠款和贷款等教育财政问题上做出特别规定。

三、英国继续教育管理机制

（一）投入机制

英国政府建立了完善有效的继续教育经费资助和管理制度。英国教育和技能部联合学习和技能委员会以及地方教育当局，制定了一整套完整的经费资助制度，以确保每一个接受继续教育和培训的学生都能顺利完成学业[1]。例如，继续教育学院的拨款由多方承担，主要包括教育部、就业部、继

---

[1] 匡瑛：《英国近十年的继续教育概述》，《外国教育研究》2002 年第 6 期。

续教育基金委员会、地方咨询委员会、地方教育当局、培训和企业委员会等。

英国的成人学习得到了比较广泛的资金支持，来自于公共部门、私人机构、民间组织的经费有效地保障了成人学习的有效开展，同时政府还充分利用财政投入机制，调动成人学习的积极性。

来自于公共部门的财政支持是英国成人继续教育事业发展的主要保障。这部分资金来源主要包括四种渠道：一是教育主管部门针对继续教育的预算；二是政府其他公共部门为本部门系统内部员工培训的财政预算；三是地方政府发展继续教育的财政预算；四是其他相关的公共部门投资。政府机构对继续教育的财政拨款也通过多种方式实现，一是可以被列为专项拨款的项目资金；二是中央与地方财政分担，中央只承担继续教育机构拨款的四分之一，另外四分之三由地方政府拨款；三是地方全权负责的财政拨款，主要是那些地域性的教育培训项目。总的来看，伴随着英国技能战略的实施和继续教育地位的提升，国家对于继续教育的财政投入力度较大。学习与技能委员会在 2008 年之前曾是继续教育财政拨款的主管部门，据委员会的统计显示，"2004 年至 2005 年期间划拨用于继续教育建设和发展的经费超过了 87 亿英镑，2007 年至 2008 年达到 108 亿英镑"[1]，"学习和技能委员会计划保证每年的经费投入增长 2%"[2]。

英国政府对继续教育的投入还充分体现了重点优先的原则，对那些列为重点保障的人群，重点资助的项目、领域或计划要优先予以保证。为了保障重点人群接受教育，实施免费或部分免费制度，比如对于 25 岁以下的青年从业者，他们在学习普通国家职业资格课程和国家职业资格课程的时候是完全免费的，25 岁以上的成年人接受继续教育可以实行部分免费制度，他们

---

① LSC.Further Education and Work-based Learning for Young People-Learner Outcomes in England 2004-2005.http://www.lsc.gov.uk, 2006.04.

② DFES. Success for all: Reforning Further Education and Traing.http://www.dfes.gov.uk/lesrning&skills, 2002.03.

学费的 50% 是由国家来支付的。有些重点领域是需要重点资助的，例如资助社会发展所急需的专业、一些专业技术人员的专业发展项目、满足地方发展所需的紧缺人才培养项目以及弱势群体的教育项目等，这些项目一般带有公共或福利的性质，国家会为之买单。政府还曾实施了"三年经费协议"计划，继续教育机构要同学习与技能委员会签订"三年经费协议"，用以确保继续教育取得预期的效果。委员会对协议的履行情况进行评估和管理，根据项目的绩效来确定是否签订下一个"三年经费协议"。这种投入与管理方式突出了效果优先的原则，提升了继续教育办学机构的质量和效率，推进了继续教育的可持续发展。

政府之外的其他社会主体，包括企业组织，都积极投入资金支持继续教育的发展。社会民间组织经常成为成人基础教育经费的重要提供者，比较知名的有工人教育协会、国家女性研究院、第三龄大学等，这些第三部门利用各种途径所获得的经费支持成人教育的发展。"英国成人学习的民间组织非常庞大而复杂，据不完全统计，有超过 50 万个组织在特定领域为公众提供各种形式的教育与学习机会。"[①] 其中，作为非政府组织和团体的代表，英国国家成人继续教育研究会在推动成人学习过程中扮演着重要的角色，积极通过各种方式推进继续教育政策实施，承办相关会议，对继续教育政策开展研究，出版相关刊物。英国的私营部门既是继续教育的参与者，也是重要的投资者。21 世纪以来，私人机构每年有高达 386 亿英镑投资于雇员培训，主要用于新员工培训和政府法律规定的强制性培训。

（二）市场机制

英国是 20 世纪七八十年代以来西方公共管理改革的先驱，公共服务市场化是其改革的重要内容。在这一改革理念的驱动下，"英国政府逐渐重视

---

① Aldridge, Fiona, Alan Tuckett.Countingthe Costs.Leicester:NIACE, 2009:45

在教育领域引入市场机制"①。90 年代之后，公共管理改革的市场化取向更为明显，在教育领域，英国坚持推进准市场化改革，"通过采取一系列措施，形成了成人教育准市场化机制"②。"教育准市场化的目的就是要建立一个消费者驱动的，由政府、企业和教育机构共同参与的教育市场，教育制度向人们提供最好的商品——学生和多样化的选择，通过市场机制来提高教育和培训的质量"③。

为推进继续教育领域的市场化，英国赋予继续教育机构以独立的产权，使它们有自主参与市场教育的权利，并根据市场情况自主做出决策。英国政府 1991 年发布的教育白皮书《面向 21 世纪的教育与培训》为继续教育机构自主办学、独立运营创造了良好的条件，规定从 1993 年 4 月 1 日起，继续教育学院将成为独立的法人单位，不再归属地方教育当局管理，并赋予继续教育学院充分的自主权，比如可以向 16 岁以上的所有人提供教育和培训，可以自主聘用学院的教师和管理人员，可以自主与其他单位签订合作协议，可以自主管理学院的经费和财产，甚至可以以法人单位的身份进行各种活动。这种法人化的制度改革，充分激活了继续教育学院的办学动力，为继续教育市场化改革营造了良好的制度空间。其他继续教育办学主体如开放大学等也都成为面向市场、自主办学的运营实体。

英国继续教育办学主体的多元化在一定程度上推进了继续教育市场机制的构建和完善。如前所述，英国存在大量的各种类型的继续教育机构，各机构充分发挥自身的优势，寻找市场的发展空间，积极为成人学习提供高质量的教育与培训服务。竞争是市场的活力之源，继续教育机构为赢得更好地发展，会积极挖掘市场需求，提升其所提供的继续教育服务的质量，同时尽可能低成本提供给学生，作为消费者的学生有很大的自主选择权，他们的态度

---

① Gareth Williams. The market route to mass higher education:British experience 1979-1996.Higher Education Policy, 1997(Vol.10, No.3/4):275-276.

② 张霞、黄日强:《英国成人教育的准市场化机制》,《成人教育》2010 年第 10 期。

③ Market. Collectives and Management. Oxford Review of Education, (Vol.20, No.1)1994:73.

和选择成为衡量继续教育市场重要的风向标。在竞争机制的促进下，英国继续教育市场逐渐成熟，具有竞争性的办学市场由此形成，市场在配置继续教育服务的过程中发挥着重要的作用。继续教育机构在办学过程中，更多开始追求经济、效率和效益的"3E"目标。

在日益市场化的趋势下，成人教育机构自主面向市场设置课程。包括像继续教育学院、地方学院和开放大学这样的传统机构也必须适应市场竞争规则，开始将学生作为"顾客"来对待。这些机构开始研究市场的变化动态，分析产业结构的变化，了解最新的工作环境，掌握从业人员应具备的知识和技能，将这些信息整合利用到课程的设计和组织之中。同时，这些机构也开始加大开放力度，积极同产业界加强联系，推进相互融合，及时按市场需求开发新的课程，教育培训与市场对接更加紧密，继续教育资源的效益得到进一步提高。

（三）激励机制

英国政府将教育作为实现社会公平的有效途径之一，确保教育体制为全体公民服务，使每个人通过持续学习不断开发自身的潜力。政府采取了一系列措施以建立完善的激励机制，动员和鼓励16岁以上、义务教育阶段之后的公民参加继续教育。"为了克服成人学习的种种障碍，采取了许多改革措施，旨在建立一个合适的学习环境，吸引更多的成人参与到教育与培训中来"[①]。在这方面，政府根据不同的情况做出了不同的安排。例如政府会优先考虑向成人失业者提供充足的学习资助，包括向他们提供免费的课程学习，可以免费在学校就餐，为他们提供往返的车票，甚至帮助他们照看儿童。英国政府推出了"配套服务及学额巩固奖学金"工程，以解决困难地区家庭贫困的16岁后青少年继续接受教育的问题，对于年龄在16—19岁且既无业又失学的贫困人口，政府可以向他们提供最低每周30英镑的生活费补助并免

---

① 范琳、吴雪萍：《英国成人教育改革探析》，《外国教育研究》2007年第1期。

除学费，以确保他们能够继续接受全日制教育。政府还会不断增强对成人学习者的经济支持，尽可能减少因个人经济问题而造成的学习障碍。例如为了激励年满 16 岁的青少年就业者取得技能证书，确保他们每周能够接受一天的学习或培训，雇主照常支付相应的工资。为了让更多的青年人接受职业训练，英国在 1991 年颁布的《21 世纪的教育和训练》报告中，提出了训练信用卡的新举措，取得了良好的效果。

英国创造性地建立个人学习账户制度。2000 年英格兰正式实施"学习账户"制度，成为英国终身教育制度的一个重要创新。这一制度设计的基本思想是帮助个人为学习而投资，通过学习来提升自己的职业能力和就业能力。为了调动个人投资学习的积极性，在学习的费用上采取了成本共担的方式，由政府、雇主和个人建立起来的伙伴关系共同来完成这一任务。英国的个人学习账户主要由个人投资资金、政府投资资金和雇主投资资金三部分组成，是个人用来管理自己学习的基本保障，个人的学习除了个人要付费之外，政府和雇主也帮助支付一定的费用，这在很大程度上可以调动成人学习的积极性。英国规定年满 19 岁的公民都可以申请到个人学习账户。以英国首批推广的个人学习账户为例，每个账户在第一年可以得到 150 英镑的资助，成人学生可以获得学习的机会，到学习的第二年，会通过课程免费或优惠的方式继续享受资助，如果每年的课程费用达到 500 英镑，一部分课程就可以享受 20% 的优惠，学习者为此可以省出一笔开支，有些基础课程的优惠力度很大，甚至能够达到 80%。

英国政府还不断推出新的成人学习资助形式[1]。例如在 2003 年推出的成人学习补助金，就是一种根据申请人的经济状况而发放的补助金，"重点资助对象是那些年龄在 19 岁以上尚未取得二级资格而学习的成年人"[2]，"政府希望通过这种成人补助金的发放为低收入、低教育程度等处境不利的成年人

---

① 范琳、吴雪萍：《英国成人教育改革探析》，《外国教育研究》2007 年第 1 期。

② Learndriect, Adult Learning Grant.http://www.learndriect-advice.co.uk/featured/alg/#what, 2005-11-23/2006-05-11.

提供经济上的资助，帮助他们通过学习获得相应的资格和应有的技能，提高就业能力，从而改善劳动者素质，提高国家竞争力"①。补助金的具体金额视个人的年收入而定，收入越低所获得的补助金越高。技能与职业教育部的部长认为："成人学习补助金为低技能、低收入的青年成人获得关键技能和资格提供了大好机会，大大改善他们的就业前景，为成年人铺好了通向美好生活的道路；成人学习补助金作为技能战略的重要策略之一，将为国家在全球市场中的竞争做好强力的经济准备"②。

英国政府还采取各种措施调动企业组织参与教育培训的积极性。一方面积极改变雇主的观念，从精神上给予他们鼓励，让雇主们认识到学习对于组织发展的重要性，说明员工能力的提升能给企业和雇主所带来的好处，尤其是培训所能创造的经济效益。在1991年发布的《21世纪的教育和培训》白皮书中，倡议雇主应具有坚实的教育基础，赞扬他们对学校和学院中的教学方法和教学目标有很好的理解，能够培养完全合格的青年职工。另一方面政府还通过减税等措施调动企业和雇主直接参与继续教育的积极性，让雇主们提出自己的需求，使企业意识到对自己的员工进行投资，是提高生产效率的最佳途径。在这样的倡导和激励下，英国的雇主每年为教育和培训的投资逐步提升。

（四）保障机制

英国通过多种途径加强继续教育的基本建设，确保教育的质量和效果，这主要包括增强继续教育师资力量、建立继续教育与职业培训的督导框架、设置独立的成人教育督导机构、建立以学习者为中心的质量保障机制等。

---

① OECD. Thematic Review of Adult Learning: The United Kingdom (Country Report).http://www.oecd.org/detaoecd/29/53/35049163.pdf.2005-06-15/2006-05-11.

② LSC. New grants to help adult learners. http://www.lsc.gov.uk/National/Media/PressReleases/Archive/newgrant.htm.2005-09-16/2006-05-11.

提高继续教育师资质量。教师是完成教育任务的基本要素，在英国大概有 25 万名从事继续教育的教职员工。教育部门采取积极的措施提高继续教育教师的质量和水平，一是加强对继续教育教师的初始培训，新入职的教师需要完成一定课时的学习和实践，对岗位职业有清晰的认识，并且还要取得教师许可证和合格教师学习和技能证书。二是在全国范围内实施教师"继续专业发展"计划，要求所有参与教学的人员要进行专业性学习，学习的内容包括最新的技术和工艺，最新的教育理念，先进的教学手段和方法等。三是将那些优秀的人才吸引和充实到继续教育教师队伍中来，"政府设立许多对教师有利的项目来吸引和留住优秀教师，其中包括'回馈'项目、'紧缺教师引入'项目、'商业人才'项目、'商业交换'项目和'出类拔萃'项目等"[1]。

建立继续教育与职业培训的督导框架。英国十分重视加强对职业与继续教育的质量督导，有专门的督导机构，有明确的质量督导的标准和程序。实施督导的机构主要是教育、儿童服务与技能标准局，主要对 16—18 岁和 19 岁以上的学习者提供教育和培训，以及对非正式成人教育进行督导。督导的宗旨在于满足利益相关者的需求，不断提升继续教育的质量，在督导过程中注重平等和多样性。在督导的方式上主要是依据相关督导框架对继续教育项目的"总体效能"做出评价，提出问题及改进的建议。为确保教育质量，政府在原来的监督机制基础上，依照 2000 年《学习与技能法》新成立了一个独立的质量监督机构——成人学习督导团，专门负责评估成人教育与培训质量。该机构将所有 19 岁后的成人教育与学习、成人在职培训纳入一个新的质量评估体系，它与教育标准办公室共同合作，使得教育督导评估体系更为连贯和统一。

建立以学习者为中心的质量保障制度。英国政府越来越关注终身学习制度建设中"质量保障"、"学习者主体地位"等细化议题。2011 年推出了继续教育体系与技能改革计划，更加凸显了学习者的中心地位与学习供给的质

---

① 吴雪萍、项晓勤：《英国继续教育改革探析》，《比较教育研究》2008 年第 5 期。

量保障机制以及多种制度因素的关联性[①]。一是学习者处于中心地位，技能、资格与工作之间呈递进关系。二是"国家职业生涯服务"与"职业教育与培训项目"共同构成学习者获得技能、资格或工作的第一层保障。三是"卓越的教与学"、"具有相关性与聚焦度的学习项目与资格"、"战略性的治理"等因素共同构成了第二层保障。四是"享有自主权与灵活性的培训提供方"、"简化的资助体系"、"质量保障与透明度"、"继续教育的全球化"等因素共同构成第三层保障。

（五）沟通机制

在世界各国教育发展的进程中，如何实现职业教育与普通中学教育之间的衔接，以及如何实现学术型课程与职业技术课程之间的沟通衔接，甚至如何实现各种类型教育之间的沟通衔接，是许多国家都在积极探索的重要课题。英国近年来围绕这些问题进行了富有成效的探索。

英国在促进不同教育类型之间的沟通方面，"注重加强继续教育与普通中学教育的衔接，缩小并最终解决学术教育与职业教育的差别"[②]。在解决继续教育与普通中学教育的衔接上，英国采取的办法是，将职业继续教育的一些课程向普通中学教育延伸，尤其是延伸至义务教育的第四阶段。英国在1983年就开展了试点工作，将一些技术教育的内容融入到中学教育之中，有的还引入到从14岁开始的继续教育学院体系之中。90年代有了更进一步的发展，国家普通职业资格证书和国家职业资格证书也向14—16岁的普通中学引入。在处理职业教育与学术教育相互沟通的问题上，英国主要采取的办法是加强普通教育、高水平考试和国家普通职业资格证书之间的内在沟通与联系，努力消除学术性教育与职业教育的差异，建立统一的课程和证书体系。

---

① 吴雪萍、赵婷：《如何推进我国的终身学习进程》，《教育发展研究》2016年第9期。

② 廖伟群：《英国继续教育的特点及其启示》，《教育导刊》2004年8月号上半月。

90 年代，英国为了促进终身教育立交桥的构建，提出了建立职业资格架构的构想并取得初步进展。英国政府在 1991 年 5 月发表的《21 世纪的教育和训练》白皮书中，提出了建立一个完全一体化的教育与训练制度的构想，并想借此达到白皮书提出的三点总目标，其中就包含要保障所有 16 岁和 17 岁青年受到高质量的继续教育和训练，使青年人稳步从学校教育过渡到继续教育和高等教育。职业资格架构的提出，为解决这些问题提供了崭新的思路和路径。在实际探索中，英国稳步建立起了一个与经济社会需要相契合的职业资格结构，并且开辟了学术性资格与职业性资格之间更为明确和更易沟通的桥梁。在此基础上，英国进一步改革了国家职业资格的内容，引入了成人学分框架，通过更多资格的学习计划分成小单元，使成人的资格认证更具灵活性，成人学习者可以选择单元组合，通过单元学分的累计获得完整的资格。英国还不断加速新资格的认定，将行业资格融入到国家资格框架中去。英国对成人学习实施"评估、培训、再评估"的管理模式，加强对成人学习者学习前和学习之后知识与技能的评估认定，确认学习者是否达到预期的目标。"实行并推广'评估、培训、再评估'方式，帮助学习者和雇主逐步建立一个对过去资格认证的成绩档案"①。英国的这一系列改革取得了较为良好的效果。"英国资格体系的改革为成人学习者提高技能提供了一个明晰且具有吸引力的、在每一个水平上都能给人以挑战和鼓励的进展阶梯，使成人的技能一步步得到提高，并确保了学习的成就和质量"②。2012 年以来，英国又积极探索了"终身学习记录票"制度和"档案袋"评价方式，进一步丰富了终身教育立交桥的路径。

近几年来，英国仍在不断完善国家资格框架体系，特别是在 2015 年推出了最新的国家资格整合框架，并用这一框架取代了原来的国家资格框架和资格与学分框架，标志着英国的终身教育立交桥建设又向前迈进了一大步。

---

① DFES. 21st Century Skills-Realizing our Potential .http://www.london3.ecotec.co.uk/download/skill-strategy-wp-200307.pdf, 2003-07-11/2006-05-09.

② 范琳、吴雪萍：《英国成人教育改革探析》，《外国教育研究》2007 年第 1 期。

第五章　德国继续教育管理体制机制

　　德国是欧洲第一大经济体，也是欧盟的创始会员国之一。"二战"之后，德国创造了比较好的外部发展环境，政府的工作重心放在经济的恢复上，尤其注重培养人才和发展教育，大力推行科技兴国战略，迅速建立起完善的工业体系。60 年代联邦德国的科研经费平均每年增长 15%，在西方国家中名列第一。科研队伍在 1975 年达到 30 万人，平均每万人中有 49 名科技人员。劳动生产率在 1950—1970 年期间年均增长 5.7%。德国积极倡导社会市场经济的理念，在经济发展中坚持自由竞争，创造了一个积极稳定的发展环境。德国是一个高度发达的资本主义国家，是世界八大工业国之一，主要工业部门有电子、汽车、精密机械、装备制造、军工等。德国农业机械化程度很高，农业就业人口 85.5 万人，占国内总就业人数的 2.12%，服务业贡献了 GDP 总量的大约 70%。德国社会保障制度完善，国民具有极高的生活水平，教育发展水平高，高等教育、职业教育领域都处于世界领先地位，基础研究和应用研究水平很高，世界知名的科研机构众多。德国人口约 8269 万人（2017 年），是欧盟人口最多的国家。2018 年 GDP 为 4.02 万亿美元，居世界第四位；人均 GDP48669 美元，居世界第 16 位。2018 年人类发展指数为 0.936（极高），排名世界第 5 位。

一、德国继续教育发展的基本脉络与主要特点

从发达国家继续教育发展历史来看，德国也是发展较早的国家之一，这是和德国工业化的进程密切相关的。德国的继续教育发展很快，不仅水平领先，而且在国家社会发展中被赋予了崇高地位，成为影响国家发展的重要教育战略。20世纪70年代之前，德国比较广泛使用"成人教育"的概念，主要指与个人兴趣、个人自愿和个人需求相联系的成人学习活动。1970年，在著名的《教育结构计划》中明确提出了"继续教育"的概念，继续教育由此普遍广泛使用，成人教育和继续教育之间的边界也不再那么明确清晰。目前，德国成人教育和继续教育尽管严格来说还有一定区别，侧重点也有所不同，但两者经常被作为同义词来使用，可以互为替代，甚至还会以双元词——"成人教育/继续教育"的形式并列书写与使用。①

（一）基本脉络

"二战"后，德国经济秩序亟待恢复，劳动力极度短缺，成人教育发展进入一个重新开始的时期，民主教育是当时教育的主要任务，为使成人获得最新的、社会的、政治的、科学的教育，政府出台一系列政策法规推动成人教育发展。国家创建的人民大学（业余大学）稳步发展，在为社会培养熟练劳动力方面发挥了重要作用。从60年代开始，成人教育出现了一些新变化，主要原因是这一时期形成了比较成熟的双元制教育体系，职业教育得到快速发展并且取得良好进展，大量的职业院校基本上能够提供充足的劳动力，成

---

① Reuter, R. Lutz; Fuchs, Hans-Wemer: Bildungspolitik in Deutschl and.Leske+Budrich, Opladen 2000.S.125

人教育机构完成了这一时期的特定历史任务，成人教育不再需要承担职业教育的任务，转向满足伴随闲暇时间增多而带来的日常休闲教育的需要，成人教育更多开始为人们享受生活服务。在德国，成人教育被视为"一项'民事权利'，不论个人的背景、教育经历、收入状况、民族等都可以接受成人教育"。① 政府积极为公民学习提供各种方便，1960 年国家教育委员会在《德国成人教育的现状与任务》报告中积极倡导民众参加各种形式的学习，大力投资成人教育，强调由各州承担起成人教育经费的主要责任，尽可能地降低成人教育机构的学习费用。从历史发展来看，"二战"后德国的迅速崛起，主要得益于包括成人教育在内的国家教育的快速发展，为国家建设提供有力的人力资本支撑。

1969 年德国通过了《继续教育法》，迎来了 70 年代德国成人继续教育发展的新时期。1970 年在汉诺威大学设立了全国第一个专门的成人教育学讲座。成人教育和职业培训两大领域又开始从分离走向融合。1970 年 2 月德国教育审议会通过的《教育结构计划》是德国历史上具有里程碑意义的一个文献，国家对教育体系进行了重构，整个教育体制被重新划分为学前教育和初等教育、中等教育、高等教育、继续教育四个并行的部分，继续教育的地位得到了提升。终身教育与终身学习的思想理念对这一时期德国的教育政策产生了重要的影响。德国教育审议会强调了终身学习的重要价值，提出终身学习已经成为经济、社会和科技发展的关键因素，提倡将"学习的学习"作为终身学习原则的核心。这一重要文献将提出要把继续教育发展成为教育领域的第四组成部分，其重要价值已经可以和正规学校教育相提并论，继续教育的重点主要是在职业进修教育和训练上。所以，从这一时期开始，成人教育和职业培训进修被作为统一的整体即继续教育来发展。

德国政府通过重视和推进继续教育，较好地解决了 20 世纪七八十年代

---

① 　Confintea midterm review2003-country report germany.www.unesco.org/education/uie/pdf/country/Germany.pdf.

人口老龄化、移民、高失业率等现象所导致的社会问题。90 年代，以继续教育为主体内容的终身教育体系在德国已经初步构建并得到快速发展。这一时期，德国连续发布了一系列推进继续教育与终身教育的政策文件，继续教育的发展迎来了一个新的发展阶段。1990 年德国议会研究委员会发表总结报告书——《未来的教育政策：教育 2000》，把继续教育与终身学习作为其中一项重要主题予以突出，认为继续教育在未来将具有更加重大的意义，高等教育也应该跟上这种形式，大学要向社会开放，每一个人都应该享有在高等教育机构中接受继续教育的权利，这有力地促进了德国高等继续教育的发展。在 1994 年发布的《联邦法令规章与全国扩展继续教育成为第四教育领域基本原则》报告中，提出了如何将继续教育发展成为第四教育领域的若干具体措施。在 1995 年发布的《信息社会：机会、革新与挑战》报告书中，积极倡导民众发展自我导向终身学习能力。在 1997 年发布的《终身学习：职业继续教育的情况与展望》报告中强调要进一步调整教育政策目标，积极推进职业继续教育成为整合的教育体系的一部分；强调了终身学习对于个人、组织或社会的重大价值，认为每个人都应被激励与支持参与终身学习。在 1998 年发布的《终身学习的新基础：继续扩展继续教育为第四教育领域》报告书中，强调要高度重视继续教育法的实施，并采取措施积极推进继续教育在欧洲的合作交流与发展。

21 世纪以来，德国通过一系列的倡议和终身学习行动计划推动继续教育的发展。在 2000 年发布的《全民终身学习：扩展与强化继续教育》报告书中倡导要将全民终身学习作为未来德国教育发展与革新的主要目标。在 2005 年颁布的新的《联邦职业教育法》中，将职业继续教育的涵盖范围扩展到职业准备教育、职业教育、职业进修教育以及职业改行教育等，为新世纪继续教育的发展提供了有力政策保障。2000 年至今，德国先后推行了若干终身教育、继续教育行动计划，极大地促进了德国终身学习事业的发展。例如在 2000 年发起了学习地区——为网络工作提供支持计划，旨在通过横跨不同地区的教育以及不同教育提供者区域网络的创造和发展，创造区域水平上终身学习的可持续结构；积极促进不同参与者之间的合作伙伴关系的建立，这项行动计划进一步释放了区域上终身学习的潜能。再如2001—2007年实施的学习文化和能力发展项目，通过一系列创新项目的出现，为公司所关注的学习领域和继续教育发展提供了强有力的支持。还有在2009—2014实施的地区学习教育项目，其目的是建构横跨教育机构（学校、成人教育机构）、政治持股者以及地方企业的网络，更加关注社区和基金会的合作，已有36个社区和多个国家、地区基金会参与其中。近些年来，德国还创建了教育指导中心项目，在不同地区发展了一系列教育指导和咨询中心以促进地区终身学习发展水平。德国政府在BMBF行动计划中指出："在知识社会中的生活和工作以及发展人力资源的重要性已经帮助提高了终身学习的声誉；如果我们要增加继续教育的参与性，就必须提高贯穿个体生命的学习机会，并且这些机会通过创造新的激励和移除存在的障碍会使其更有吸引力。（BMBF，2014）"[①]。为应对数字化时代的挑战，推动国家数字化生产发展水平，德国联邦政府、州政府、商界、工会等在2019年联合制定并发布了《国家继续教育战略》，成为德国职业继续教育发展的一个新的里程碑。该战略明确提出要在数字化时代加强人才培养、营造新型继续教育文化；要在职业培训和继续教育方面投入更多的资金；要通过开发模块化的互动学习平台，降低终身学习费用，增加奖学金，完善职业资质认定，设立企业继续教育培训导师等多种手段激励更多的从业者不断学习，增加就业机会。

（二）主要特点

一是对继续教育的高度重视和倡导以人为本的发展理念。在德国，教育被视为经济发展的第四生产要素，而继续教育则是被视为第四生产要素中最重要的要素。对继续教育的地位给予了特别强调，1970年原联邦德国教育

---

① 李米雪：《德国继续教育的发展与现状研究》，《开放学习研究》2017年第4期。

委员会认为：继续教育的全部领域是整个教育体制的一个组成部分，它包括了高级职业培训、重新定向的专业进修以及其他各种类型的成人教育；如果不实施继续教育的话，那么第一教育阶段依然是不完整的。民众早已接受终身教育的观念，越来越多的公民自觉地加入到继续教育行列中来。德国继续教育坚持以人为本的发展理念，强调人及人的价值和人的潜能开发，强调高素质的人力资源对企业发展的重要基础作用，关注人口、技术和时代变化下人的教育与培训需求，为公民持续终身学习提供良好的环境条件。

二是继续教育发挥着多重功能。主要包括以下几个方面：其一知识补充与更新的功能，主要目的是服务于从业人员的职业发展，使他们能够掌握新知识、新技术，能够及时更新和完善自身的知识能力结构，这种教育对从业人员的职业能力提升和职业生涯的发展是非常重要的，他们可以很快适应专业技术发展要求，有的还可以通过这种途径达到继续上大学深造的目的。其二职业适应的功能，受培训者通过系统学习与严格的实践训练，能够在某一个方面或技能领域得到发展，这样他们就可以具备重新做好本职岗位的知识或技能，也包括那些已经在岗的从业人员，他们对专业技术知识或管理能力有了更高的需求和期待，希望谋得一个更好的发展，这种类型的继续教育是理想的途径。其三适应失业、岗位的转换或行业晋升的需要。有这些需要的人们往往希望通过职业资格的培训或再就业的培训，重新走上工作岗位或转换到另一个工作岗位，所接受培训的层次有着很大的区别，涉及从最基层的非熟练工的培训，到最高等的专业技术人员的培训或高级管理培训等。其四社区教育的功能，通过设立社会政治教育、卫生保健、合唱训练、家政、外语等各种培训班，满足社区居民在文化、艺术、生活方面的兴趣，一方面能够营造浓郁的社区文化氛围；另一方面加强了居民之间的交流与互动，也为居民创造了投身社会活动的机会。其五文化交际的功能，满足现代社会人们日益多样化的文化交流，培养公民良好的协作与沟通能力，提升公民的整体素质。

三是继续教育类型多样。德国的继续教育按照目的来划分主要有三种类型，第一种是类似于接受普通教育性质的继续教育，主要的目的是获得相应学校的毕业证书，成为一些人追求和实现大学梦的一个新途径，所以也有"第二教育通道"的说法。按照这种途径，很多成年的工人可以通过接受继续教育拿到相应的高中直至大学的毕业文凭。第二种是以政治教育为目的的继续教育，主要是提升成人公民的政治意识、政治能力，提升自身政治专业知识和政治行为能力，激发公民参与民主政治的积极进行。第三种是以职业教育为目的的继续教育，主要是服务于从业人员的职业发展，或为再就业人群提供培训服务，教学的形式也是多种多样，包括进修班、转业转行培训班以及岗前培训班等。也有学者按照不同群体的教育需求分为六种类型[1]：补偿教育、适应性教育、升级教育、转岗（业）教育、恢复职业能力的教育、满足兴趣爱好的教育。根据参加继续教育的形式来划分，"主要有脱产、半脱产、业余、远程学习、函授，如两年的技术员学习或师傅学习，或者计算机、外语等的短期学习"[2]。

四是继续教育对象非常广泛。德国是一个开放多元的社会，社会不同的阶层、群体都对继续教育投以极大的热情，参加继续教育的人数始终占有较高的比例。20世纪90年代至本世纪初，德国参加继续教育的人数呈现出迅速增长的趋势，整个社会的学习氛围日益浓厚。继续教育既与人们的工作有关，也同人们的生活有关，已经渗透到德国政治、经济、文化的方方面面和公民的日常生活之中，是人们解决很多社会问题、职业问题、生活问题首先要考虑的因素。德国接受继续教育的对象非常复杂广泛，从高级行政官员到普通的家庭主妇，社会各种弱势群体等，都乐意通过学习和教育实现某种改变。"它打破公民在接受普通教育时所受到的种种限制，真正实现教育的开放化和大众化"[3]。据2000年《继续教育系统报告书》显示，"自20世纪90年代起，民众的成人教育参与量逐年增加。1979年只有23%的民众参与成人教育，1981年上升为29%，1987年上升为35%，1991年为37%，1994

---

① 乐传永：《德国成人教育改革与发展的主要特色及启示》，《当代教师教育》2008年第1期。

② 徐朔：《德国继续教育的现状和发展趋势》，《外国教育研究》2003年第2期。

③ 戴凌云：《德国的继续教育体制及对我们的启示》，《北京教育》2002年第7期。

年为 42%，1997 年为 48%，1999 年参与比例则高达 61%"①。"成年人进修学习已成为一种社会风尚、一种公共意识"②。2010 年以来，德国参加继续教育的人数又有了新的增长。"终身学习已经成为一种趋势，继续教育为每个人提供了在能力和专业上继续发展的机会"③。伴随着互联网和数字技术的快速发展，德国高度重视新的社会环境下公民的终身学习问题，2019 年发布的《国家继续教育战略》对这一问题又作出了积极的回应，提出实施面向全社会人群的数字化继续教育战略。

五是课程教学多元化，教学方法多样。课程设置是继续教育的核心，也决定着对学生的吸引力，也反映着社会对成人继续教育的需求。德国将成人继续教育课程的设置权全部交给了继续教育施教机构，他们有权力根据需求设定课程。以人民大学为例，"教育内容的广泛性和群众性，教学方法和课程组织形式多样性，是为所有人开放的。它既包括普通教育，也包括职业教育，而以普通教育为主"④。有研究对德国继续教育的课程设置进行了详细分析，认为主要分为六大类的课程，其中健康课程的吸引力最大，语言课程的课程量最大，基础类课程的课程数和参与人数最少。语言类和运动类课程最受欢迎。⑤ 在教学方法上，除了采用传统的讲授法之外，还针对成人学习的特殊性，采取诸如角色扮演法、讨论教学法、微格教学法、实验室训练法等多种方法，取得了良好的教学效果。

六是注重成人职业能力的开发与培训，成人职业教育发展迅速⑥。在德国经济社会发展的进程中，形成了重视成人职业潜能开发和职业技能培训的传统，这在世界范围内也产生一定的影响力。早在 20 世纪 60 年代末德国就颁布了《职业教育法》和《手工业法》，规范了学校之外职业进修和专业培

---

① 黄富顺：《比较终身教育》，（台北）五南图书出版股份有限公司 2003 年版，第 120 页。

② 乐传永：《德国成人教育改革与发展的主要特色及启示》，《当代教师教育》2008 年第 1 期。

③ 《世界教育信息》2015 年第 9 期

④ 吴遵民：《国际终身教育论》，上海教育出版社 1999 年版，第 240 页。

⑤ 王世岳、孙武平：《人民大学：继续教育的德国模式》2018 年第 1 期。

⑥ 乐传永：《德国成人教育改革与发展的主要特色及启示》，《当代教师教育》2008 年第 1 期。

训的发展，同时为了促进职业教育的发展，还在政府及行业协会中设立职业教育委员会，对成人职业教育开展检查、考核和监督。在继续教育领域，职业进修教育是为了满足在职人员工作需要、提高其专业技能而开展的后续性教育，主要教学形式包括进修班、转业转行培训班、岗前培训班等。德国联邦和各州对职业培训的发展都给予了大力的支持。

二、德国继续教育管理体制

（一）组织领导

德国在管理体制上属于联邦民主制国家，法律赋予各州广泛的民主自治权，在文化教育领域也同样实行联邦体制，教育发展的各项事务均由各州自行进行立法和管理，各州设有教育部来行使教育管理和督查的权力，联邦政府一般不插手各州的教育事务，仅对全国范围内共有的问题进行协调，或进行统一的立法和管理。继续教育是教育体系的重要组成部分，德国的继续教育管理体制也具有明显的分权制特征，联邦和各州之间进行了权利的合理分配，各州拥有对本州教育事务在管理上的绝对自主权。德国联邦、州及地方在成人教育事业中表现出多元化的管理特点，以州的管理为主，联邦则多方参与，地方负责具体事宜，三级权力互相渗透，共同促进成人教育事业的发展。这种"地方为主、联邦为辅"的成人教育管理体制，合理协调了联邦和地方的权利范围，有利于地方政府依据地区实际情况制定切合实际的政策，形成地区成人教育的多元、良性发展。①

国家不直接管理地方的成人教育事务，只是通过立法、拨款、规划等手

---

① 刁桂梅：《德国成人教育的特色及其借鉴》，《河北大学成人教育学院学报》2012 年第 3 期。

段进行宏观调控，如：制定成人教育法规、对各种形式的成人教育事业进行拨款、制定发展规划等。国家通过这种宏观政策引导成人教育发展，各级地方政府在具体办学、教学、管理等方面充分发挥积极性。联邦政府在继续教育与成人教育方面的管理职能主要集中在制定国家成人继续教育发展战略和宏观政策，管理学校系统以外的各种职业培训，负责远程学习课程保护性条款的制定，承担政治教育的研究和实验性成人教育项目，同时还承担成人继续教育的国际交流与合作等工作。德国联邦政府主管全国教育的行政部门是联邦教育与研究部，它代表中央政府履行管理职责，主要的任务是制定继续教育总体规划、法律制度及相关重大政策。国家层面的一些协会组织或相关机构，在继续教育的组织领导体系中也发挥着重要的作用。尽管联邦政府不直接管理各州继续教育事务，但仍可以通过多种途径参与成人继续教育事业的发展与管理。一是通过立法的形式实现对继续教育的干预和管理，联邦政府保留了高等教育的立法权，这样它就可以对高校的成人继续教育制定相关法律及发展战略和规划，各州可以自行决定是否采纳。二是通过与各州签订有关教育计划，共同开展对成人继续教育事业的管理。三是联邦政府可以通过定期组织继续教育调查统计和研究的方式开展对各州和继续教育机构的指导，也可以通过制定有关的质量标准对继续教育服务进行规范。四是通过经费拨款的方式实现管理和控制，如提供职业培训经费、职业培训研究经费、高校建设经费等，对培训企业、跨企业培训中心、学校、个人等拨款资助，同时也对经费的使用提出要求并开展管理。五是通过制定长期计划的方式实现有效的宏观协调和组织管理。例如在 1970 年联邦政府就第一次将继续教育（成人教育）列入了教育结构规划。联邦政府为了推进继续教育的发展，还会听取继续教育专家的意见。作为德国重要的教育领域的社会团体，教育与科学工会在政策咨询方面发挥着重要作用，如他们就曾建议政府应建立统一的继续教育协调机制。2015 年，联邦教研部还设立了继续教育咨询服务热线。在建设学习型社会的背景下，德国政府还通过公共倡议的方式，积极落实终身学习和继续教育战略，比如，2001 年以来发起包括学习地区、学习文化和能力发展、地区学习教育项目、教育指导中心等具有强大影响力的倡议，这些计划倡议提高贯穿个体生命全过程的学习机会，积极消除成人学习者的学习障碍，增强终身学习的吸引力和成人参与继续教育的积极性。

在分权管理体制之下，各州在发展继续教育过程中发挥着重要的功能，地方政府具有很大的管理继续教育的权力。《联邦德国宪法》规定各州政府对于本州内部的文化教育事业享有绝对的自主权。对各州在继续教育上的管理职能进行了界定，主要"负责普通成人继续教育，颁发成人继续教育证书，负责一些高校的成人教育管理以及某些政治教育与职业教育。"[①] 根据联邦宪法的规定，地方政府主要负责学校外部事务，把握地方对继续教育的需求和定位，制定教育发展计划并监督落实，开办各种成人教育学校、图书馆、网络课程培训等。

可见，从总体上看，德国的行政管理主张"多元"与"自由"，在对成人继续教育的管理上实行的是"国家辅助、多元化办学和自由教学"的原则，联邦和州灵活结合，彼此协作，以州为主，同时还要充分发挥社会团体的办学与参与管理的积极性。值得注意的是，尽管德国继续教育实行以州和地方管理为主的模式，但联邦还是可以通过多种方式实现有效干预和管理，也就是说，"国家在成人教育上不是不负责任或无所作为。国家对确立成人教育的适当框架条件负有特别责任，例如保证多元性、开放性，教育中的透明性、信息与咨询，保证质量，保护参与者，防止教育弱势群体的出现等"[②]。

（二）办学体制

德国上下积极兴办成人继续教育，终身教育观念深入人心，具有明显的

---

①　Kultusministerkonferenz (KMK), The Education Systemin the FederalRepublicofGermany 2001, Bonn 2002.178

②　庞学铨、克劳斯·迈泽尔：《中德成人教育比较研究》，中国社会科学出版社 2004 年版，第 297 页。

办学主体多元化特征。德国的继续教育机构都是相对独立的办学实体，他们有很大的办学自主权，需要不断根据环境的变化和发展需要作出战略性调整，以满足社会成人群体的学习需求。在教学组织安排上，这些继续教育机构也是自行设置教学计划，自行开设学习课程。德国继续教育办学主体数量众多，既包括工商企业、各类公立学校，也有民办继续教育机构、行业协会和社会组织，还有政府机构举办的各种培训机构。他们虽各有定位、各有特色，但同时相互之间又都是继续教育服务的竞争对象。

企业。数量巨大的工商企业组织是德国开展继续教育的重要主体。德国的工业水平位居世界前列，这是与德国企业非常重视员工的培训分不开的，企业成为开办成人教育机构的主力军。员工培训在德国越来越受到重视，在2001年发布的《职业教育报告》中阐明了职业继续教育的重要性，指出在信息社会、知识社会、经济全球化的背景下，职业继续教育已经成为未来社会和经济的钥匙。企业员工接受培训是法律所规定的，"所有的职员都有权享受每年5天的带薪继续职业培训"①。据统计，"联邦德国每年有650万雇员接受继续教育，其中企业和雇主是职业继续教育最主要的承担者，他们承担的教育项目占一半以上。越来越多的企业设有继续教育专职人员，在中等企业里，通常由业务经理或人事部门领导承担这一任务。"② 对企业在员工培训中所承担的责任和义务，相关法律已经有了明确的规定，如《联邦职业教育法》明文规定了各类企业应承担的职业教育与培训的任务与责任；《劳动促进法》以及各州的相关法规也对企业的继续教育义务与责任进行了界定与明确。企业雇主对员工培训也有了新的认识，开始意识到高素质的员工是企业效益的根本来源，很多的企业开始将员工培训作为现代企业管理的重要组成部分，认为这与企业经营绩效有着直接关系。德国的企业大学近年来也实现了较快发展。除了企业承担着主要的员工培训之外，企业界还通过行业协

---

① 叶凌雪：《发达国家职业继续教育的发展趋势及其对我国的启示》，《教育探索》2008年第5期；李米雪：《德国继续教育的发展与现状研究》，《开放学习研究》2017年第4期。

② 李其龙、孙祖复：《战后德国教育研究》，江西教育出版1995年版，第234页。

会建立了许多跨企业的培训中心，这在很大程度上满足了那些没有条件独立承担培训工作的中小企业的培训需求。

人民大学（Volkshochschule）。人民大学被称为继续教育的德国模式①。"在德语中，人民大学由人民（Volk）和大学（Hochschule）两词构成，也有译为平民学校、民众高等学校、人民高等学校；或意译为继续教育学院、业余大学；还有研究者依照其英文翻译（Adult Education Center）将之译为社区学院、成人教育中心"②。人民大学在提升德国国民素质、推动社会进步上功不可没，在终身教育发展中扮演着重要执行者的角色。人民大学是由国家举办的地区性法人团体，数量众多，在德国的每个城市甚至大城市的每个社区都会有人民大学，这也使它成为除企业内部继续教育机构之外数量最多的继续教育机构。人民大学具有浓厚的德国色彩，经过一个多世纪的发展，数量已经达到900余所。人民大学的办学理念是坚持为社会提供服务，为所在的社区提供服务，向社会各阶层开放，尤其特别关注那些处于社会边缘的人群。因此，人民大学的一个重要宗旨就是"全面开放"，办全社会"够得着"的继续教育。③ 人民大学坚持为所有的学习者服务，对入学和毕业都没有什么特别的要求，学生可以自由参与。人民大学所提供的课程也是多样而实用的，既有自然科学、人文科学方面的基本知识与素养的教育，也有像园艺、绘画、烹饪等非常实用的技能培训，学生可以根据自己的情况自由选择。人民大学一直保持着强大的生命力，"2015年，德国境内的905所人民大学向648万人次提供了1647万课时的课程。其课程涵盖语言、健康、文化、职业教育、基础教育，以及政治、社会、环境等多个领域"④。人民大学的收费非常低廉，分布非常广泛，成为社区公民身边的"短距离"内的继续教育机构。

---

① 王世岳、孙武平：《人民大学：继续教育的新模式》，《终身教育研究》2018年第1期。

② 孙玫璐：《德国成人教育中心的发展特点与启示》，《职教论坛》2012年第21期。

③ 王世岳、孙武平：《人民大学：继续教育的新模式》，《终身教育研究》2018年第1期。

④ HuntemannH, Reichart E. Volkshochschul-Statistik:54. Folge, Arbeitsjahr 2015. Bonn, 2016(11):31.

人民大学扎根于社区，对每一个身处德国的居民来说"就在身边"，构筑起一个全国性的继续教育与文化机构网络，遍及德国每个社区角落。成立于1953年的德国人民大学联合会对人民大学的建设和发展起着规划和咨询作用。

高等学校。成人继续教育也有学术性和职业性的区别。在德国，国家和私立大学主要承担着学术性继续教育的任务。从各国高校参与继续教育的情况来看，大学基本上都是一个国家承担继续教育尤其是高等继续教育或高端培训的重要主体。德国似乎在这方面和其他国家有一些不同。从国家的相关法律来看，国家其实是鼓励高校参与举办成人教育的，要求大学发挥其专业和知识的优势，为高校毕业的学生提供进一步进修和深造的机会，使他们持续不断地扩充知识和职业素养，但实际上很多高校对继续教育并没有投入更多的精力，大学一般更加重视本科教育和研究生教育，远不像其他国家一样大学在继续教育体系中占据非常重要的地位。似乎德国的高校在相当长的时间内没有举办继续教育的强大动力，所以"德国的333所大学在继续教育领域只是个业余玩家，市场上只有4%的学员在德国高校接受继续教育，而33%的学员市场是在私立继续教育培训机构手中"[1]，"在一些德国高校，继续教育可能是传统教学任务减少后的一些额外的补充项目，与其研究和教学的本行相比根本谈不上专业"[2]。近几年这种情况似乎有所好转，德国也开始逐渐注意到高校开展继续教育的重大意义，注重提升高校开展继续教育的力度，在德国《国家继续教育战略》中提出要着力建设"开放的高校"项目，主动回应信息技术革命带来的挑战，为社会人群提供高校学历数字化继续教育课程。

在德国，教会、工会、政党都成为了开展继续教育的重要主体。教会举办继续教育的规模很大，仅次于人民大学。工会举办继续教育主要是为其成

---

① OLAF ZAWACKI-RICHTER, MICHAELA KNUST and ANKE HANFT.Organization and Management of Continuing Education in German and Finnish Universities. Higher Education in Europe, Vol, 34, Nos.3-4, October-December 2009.

② OLAF ZAWACKI-RICHTER, MICHAELA KNUST and ANKE HANFT.Organization and Management of Continuing Education in German and Finnish Universities. Higher Education in Europe, Vol, 34, Nos.3-4, October-December 2009.

员提供接受批判性思维训练的机会。政党组织则会出于政治的目的，对成人进行政治教育。除了上述继续教育主体之外，在德国还有一些其他的继续教育机构，如私立培训机构，为社区成员提供文化、娱乐、休闲等方面的培训。远距离教育培训机构近几年在德国也正在兴起。

（三）法律制度

在现代化发展的进程中，德国形成了注重法治的传统，国家的法律体系比较健全。德国在推进继续教育发展的进程中，也坚持依法治教，逐步构建起完备的继续教育法律体系。在联邦基本法及国家层面，先后颁布上百部与成人教育、继续教育相关的法律。健全、规范的立法为德国继续教育发展提供了基本的法律保障，推动了继续教育的可持续发展，个人参与终身学习的权益也得到有效保护，成人参与终身学习的经费也得到充足保证。

从 20 世纪 60 年代起，德国就围绕着继续教育的不同领域陆续颁布了多部重要法律法规，比较典型的如《职业教育法》《劳动促进法》《继续教育法》《远距离教育保护法》《教育假期法》等。这些法律法规将继续教育"从各个角度进行了规范化保护和推广，明确了继续教育的法律地位和作用，保障了公民享有继续教育的权利、义务，保证财政拨款，规定了各级政府应承担的义务、职责等"①，构建起德国初步的继续教育法规体系。1969 年颁布的《劳动促进法》规范了从业人员的职业进修、转岗培训等活动，并且为职业继续教育提供了大量经费，有力地推动了继续教育的发展。1969 年颁布的《职业教育法》也有明确的对职业继续教育的规定，对企业的职业进修、继续教育、改行培训和考试等作出了约束和规范。1981 年颁布的《职业教育促进法》进一步强化了职业进修和继续教育的功能作用。《教育假期法》所提出的带薪休假制度在很大程度上促进了普通教育、职业教育及文化政治继

---

① 刁桂梅：《德国成人教育的特色及其借鉴》，《河北大学成人教育学院学报》2012 年第 3 期。

续教育的发展。1972 年颁布的《企业宪法》则强化了职业教育是劳资双方共同利益的理念，要求企业必须为员工培训进行投资，并规定了受教育者享受的教育假期。大学继续教育的开展也受到法律的保护和推动，1976 年颁布的《高校常规法》对大学继续教育提出了明确的规定要求，推动了一些大学成立"校外讲座中心"及"继续教育中心"等专门机构，为落实继续教育计划提供了法律保障。

一系列法律制度为德国继续教育发展提供了强力保障①。自 90 年代开始，德国在法律层面上针对继续教育又作出了很多细节性的规定。1998 年，颁布高等教育框架法修正案，强制高等学校机构提供继续教育。2002 年颁布了《职业晋升促进法案》，提出了学习者在生命周期终身学习并获得学校资历的支持计划，提升了从业人员参与继续教育的积极性。2005 年颁布实施新的《联邦职业教育法》，对职业进修教育、员工培训又作出了新的规定。2005 年又颁布了《职业培训改革法》和《工艺与贸易法典》。在分权管理体制下，各个州也纷纷制定了本州的继续教育法规，提出了更加多元、多样的继续教育法律规范，既有效地推动了各州继续教育的深入发展，也由此构建起具有德国特色的继续教育法律制度体系。

三、德国继续教育管理机制

（一）投入机制

德国对职业培训和继续教育的投入力度非常大，经费来源多渠道，投资主体多元化。成人教育经费主要来自四个方面：一是国家和地方的各级财政

---

① 李米雪：《德国继续教育的发展与现状研究》，《开放学习研究》2017 年第 4 期。

拨款（联邦劳动局，联邦、州和地方政府公共财政经费）；二是企业私人机构的出资；三是主办单位出资，最后是学员自己缴纳的学费。不同的继续教育项目，会存在不同的资金来源，其结构会存在差异，但总体来看，国家的财政拨款和企业所付的费用占比较大，最小的是成人学习者自己缴纳的费用。

从政府的财政拨款来看，从中央到地方各级政府十分重视对继续教育的投入，公共财政对继续教育的发展起到了基础的保障作用，来自联邦政府、州政府、乡镇政府以及联邦劳动局的各种财政拨款，既保障了继续教育的日常需要，也会对一些重点项目有专项支持。政府在推行教育方案的同时会伴随着拨款计划，确保所倡导的继续教育计划得到有效实施。在年度财政预算中政府都把职业培训和继续教育作为重要内容。例如在 2000 年，"德国成人教育共投入 36.7 亿欧元，占公共支出的 0.38%，占 GDP 的 0.11%，成人教育人均投入达到 28 欧元"。[①] 公立学校的成人教育经费则分别由联邦、州、乡镇三级政府全部负担。在职业继续教育领域，国家根据劳动促进法为职业进修、职业改行和职业上岗等提供经费。针对一些特殊群体的继续教育，往往设有专门的资金投入项目或基金支持。例如，在成人扫盲投入上就充分体现了这种资金支持的强大效用。为了推进成人扫盲计划，联邦政府专门划拨两千万专项资金用于该项目的启动和初始阶段的费用，并随着该项目的不断推进持续给予支持。该项目的资金也体现了多元投资的特点，它还"得到了'欧洲社会基金'的支持，基金主管单位以民众的家庭经济状况为参照，为每位学习者提供限额 500 欧元的教育奖金，以此建立起的学习经费分摊机制调动了民众参与学习的积极性"[②]。在新移民教育投入上，政府也投入上亿欧元为新移民提供教育支持[③]。近几年来，难民问题成为德国面临的重要社会问题，难民人数和移民数量不断增加，政府也相继出台了相关的教育帮扶政

---

① 徐朔：《德国继续教育的现状和发展趋势》，《外国教育研究》2003 年第 2 期。

② 转引自吴雪萍、何雨曦：《德国成人扫盲教育探析》，《职业技术教育》2014 年第 10 期。

③ 《世界教育信息》2017 年第 10 期。

策，如开展"地区协调新移民教育"就是针对德国新移民的教育政策之一。政府也充分调动社会力量参与移民教育，在柏林，已有250个社区的500名协调员参与到新移民教育的工作之中，到2017年3月已投入资金1.3亿欧元。各地政府也有大量资金用于新移民教育培训。

德国成人业余教育主要由人民大学承担。人民大学是一种不以营利为目的的社会教育机构。人民大学的经费主要是国家和地方政府出资办理的，也适当收取一定的学费。比较充足的经费保障，在一定程度上提升了人民大学的办学质量，学员的积极性也得到了提升。人民大学经费的70%以上来源于各级政府的财政和市镇村的补助金，其余的由参加者负担。为了推进和保障人民大学的发展，联邦劳动局设有专项资金予以支持，很多地方政府用于资助人民大学的费用会占到地方教育费用的半数。近年来，人民大学也获得了越来越多的社会其他资金的支持，来自学员学费的投入数量也有所增加。"2015年，德国人民大学财政投入总额是10.91亿欧元，其中40.5%来自学费收入，其余40.4%来源于联邦财政补贴，有19.1%来自其他收入"[1]。

企业是继续教育费用最大的承担者。企业也对职业继续教育有旺盛的需求，从而支付经费。1992年企业为其员工支付的继续教育费用达到365亿马克。企业为了获得持久的竞争力和更好的经济效益，一般都愿意拿出一定比例的资金用于员工的教育与培训，这对于调动员工参与继续教育的积极性起到了很大的激励作用，他们也愿意为提升工作效率和质量而参加培训。德国的企业大学在世界上也颇负盛名。企业和大学的联合培训在很大程度上为企业的学习提供了重要保证，如德国亚琛技术大学每年的继续教育经费多半由参加培训的企业支持。"2001年，西门子公司年营业额830亿欧元，盈利25亿欧元，而投入员工培训的经费竟高达5亿欧元，德国企业已成为职业继续教育的最主要买单者"[2]，在所有培训经费来源中，私人企业所占比重

---

① 王世岳、孙武平：《人民大学：继续教育的新模式》，《终身教育研究》2018年第1期。

② 林翔：《德国职业继续教育发展对我国的启示》，《继续教育研究》2009年第10期。

最大。

参加继续教育的个人和社会投入。参加继续教育的学员的学费和捐款也是教育机构的经费来源之一。个人为职业继续教育支付费用，1992 年时达到人均 100 马克。私立学校的经费大部分由私人负责，少部分由政府辅助。德国的继续教育机构有着良好的办学声誉和教学质量，经常吸引社会力量投资继续教育，继续教育的投资日益多元化，继续教育机构的发展呈现良好的循环状态。"由于继续教育与经济发展及市场因素的关联愈来愈大，国家在加大投入的同时，也鼓励个人与市场自愿积极参与继续教育体系的运行"[1]。"1998—1999 年度，德国继续教育体系的总投入为 659 亿马克，其中企业 343 亿，个人 141 亿，联邦劳动局 132 亿，公共事业费支出 43 亿"[2]。

（二）市场机制

德国继续教育是在市场经济基础上发展起来的，市场经济观念渗透于继续教育事业的各个方面，具有鲜明的市场导向特征。有关继续教育的法律仅是从基本规范层面对继续教育市场进行了约束，其活动主要依靠市场来调节和运行，政府几乎不采取过多的干预手段。2006 年，联邦政府对教育管理权力进行了较大程度的改革，教育管理权力下放，各州政府在联邦教育法的框架下具体负责继续教育的监督管理职能。在对具体的继续教育机构管理上，州政府也主要承担了总体协调和监管的职责，而不具体插手继续教育的直接管理工作。相关的行业协会发布一些继续教育领域的行业规范，对继续教育教师的职业资格作出硬性的规定。除此之外，继续教育机构有着很大的自主办学权力，他们需要按照市场化的运作方式来发展，以充分满足企业和个人发展的需求。市场化的运作机制保证了继续教育机构的多样性、差

---

① 庄西真：《德国教育改革的思想及其对我们的启示》，《常州技术师范学院学报》2002 年第 3 期。

② BMBW：BerichtssystemWeiterbildungⅧ.Bonn 2003.S.292.

异化，他们能够根据自身的实际，面向社会全体公民提供内容丰富的培训课程。

由于继续教育市场的竞争越来越激烈，继续教育机构不得不有强烈的危机意识，必须坚持市场需求导向来谋取持续的竞争力。雇主和雇员是推动继续教育发展的两大需求群体。企业出于创新发展的需求，越来越重视员工的培训，员工为了实现更好的自身发展，也有着强烈的学习需求。企业和员工的学习需求成为继续教育市场发展的基本动力。在德国，继续教育的供给是以市场中的教育需求为导向的付费培训，继续教育的规模在很大程度上依赖于这种市场供需关系，社会需求量大，继续教育的发展规模就大；社会需求量小，继续教育的发展规模就小。继续教育项目的设立和课程的开发，也由这种需求关系所决定。在继续教育领域，我们可以把继续教育服务的提供机构和学员或企业看成卖方和买方。企业或个人需要某些课程或某些项目培训的时候，就可以直接向各种类型的继续教育机构购买。企业的发展源自创新，创新的源泉来自学习，因此，企业发展和继续教育之间存在着密切的关系，必须以持续不断的继续教育与学习为支撑。近年来，德国学习型组织蓬勃发展，在很大程度上就是这种激烈竞争的结果，继续教育的市场化机制也由此被不断强化。

德国的继续教育机构在市场化机制运作下，会从不同的环节充分考虑项目的运行状况。比如，他们要充分掌握继续教育的市场需求，继续教育的机构会通过各种方式采集市场需求的信息，以实现培训需求的精准化，这样才能设计出有针对性的教育项目，才能适应某个成人群体的学习需求。他们在技术层面会广泛运用需求调查问卷的形式，也会采取现场访谈的形式，征求企业或员工的培训需求，有的企业的培训需求非常专业化，会充分考虑到培训学员的年龄、性别、教育程度、人际关系等多项要素，甚至通过清晰的需求曲线把握市场需求的规律。因此，继续教育市场机制中的市场需求分析环节对项目的设计至关重要，直接关系到项目的效果，德国的继续教育机构专业化的市场需求分析，成为其市场机制良性运行的重要基础。

继续教育机构的有效运作还取决于其良好的市场预测功能。为了应对激烈的市场竞争，施教机构能够及时准确地预测社会对职业教育的需求动向，随时注意教育市场的新动态，搜寻不同领域内的各种行业数据与信息，建立起较完备的需求预测系统，并作出科学分析。有的施教机构更是积极上门与企业挂钩，有针对性地为它们开展人员培训。这种对于继续教育市场的科学把握和预测能力，能够使继续教育培训机构避免办学的盲目性，进而保证其社会效益和经济效益。①

在德国，将继续教育完全看成是一种市场行为，继续教育作为一种市场产品被生产和提供，继续教育服务是有偿服务，其价格完全由市场来决定。德国的继续教育市场规模宏大，全国每年继续教育市场营业额高达500亿欧元。继续教育项目完全按照市场化模式进行运作。如前所述，市场需求分析是市场化运作的基础，继续教育机构根据市场需求分析的结果设计继续教育培训项目。在此基础上，继续教育机构向市场推广自己的培训项目，发布课程目录，招收企业或个人来参加学习，根据计划开展项目培训，最后是开展项目的评估和测评。通过上述过程，继续教育机构希望能够获得学员的满意，进一步扩大项目的影响力，以创造更好的效益。由此可见，继续教育完全是按照商品化的模式来运作的，收费的标准也是由市场来决定的，因此，他们必须有强大的创新力才能持久的发展。另外，德国继续教育市场中的竞争机制成为这种市场机制良性运行的核心要素。德国的继续教育培训机构主体多元，尽管可能来自不同的主办者，但是在市场中的地位是平等的，即使是政府举办的继续教育机构也会和其他机构一样通过竞争获得发展，继续教育机构是凭借其高质量、低成本的服务赢得发展的，相互之间竞争激烈，也由此确保了整个继续教育市场的充分活力。

---

① 戴凌云：《德国的继续教育体制及对我们的启示》，《北京教育（高教版）》2002年第7期。

（三）激励机制

为了鼓励更多的成人和企业参加继续教育，形成良好的社会终身学习的氛围，联邦和州政府等出台了相应的激励措施。

政府为激励企业组织开展继续教育，对继续教育经费设置了两种核算方法，要求企业来承担相应费用，这在一定程度上激发了员工参与培训的积极性。一是每年每名员工的培训费为 1500 马克；二是员工年工资总额的 2%。政府还通过减免税赋，激发了企业投资成人教育的热情。德国参与企业培训的积极性很高，对员工的培训采取积极支持的态度，多数的企业会为职工创造和提供继续教育与学习的机会。他们会为员工的培训承担相应的费用。根据统计，"德国企业员工人均每年参加培训 23 小时，其中 44%的学时为企业外培训和学习。企业每年为每名参加培训的员工平均投入 1563 欧元，其中 49%为参加学习职工的工资，32%为培训费，19%为场地费、培训管理费及差旅费等"[①]。

在个人层面，对参加成人教育的个人给予经济援助，主要是发放奖学金。1971 年《联邦职业培训促进法》规定只要是个人参加继续教育，都可以根据法律的规定申请继续教育奖学金。申请奖学金的条件是从义务教育结束时算起，一直到 35 岁为止所需要接受的中等继续教育，奖学金的数额根据个人参与的具体形式来确定。如果接受的是高等继续教育，一般会采取自主付费和借贷相结合的办法。1996 年《晋升进修教育促进法》提出对个人参加进修教育也给予一定的资金支持，德国每年有 80 余万人获得经济资助，大众参与学习的积极性得到极大提高。参加国家承认的职业考试或进修的人员也会得到国家的资助，还会通过设立"个人教育账户"的形式资助个人参加继续教育，政府直接将资助经费划拨到"个人教育账户"用于个人支付继续教育费用。在税收方面，国家出台了个人继续教育的税收优惠政策。

---

① 修春民：《德国 3/4 企业为职工提供继续教育机会》，《世界教育信息》2013 年第 16 期。

当个人有需要参加继续教育的理由时，比如需要通过继续教育实现转岗，或通过继续教育实现再就业，都可以提出减税的申请，在税务部门审核通过之后可以减免个人所得税。

为鼓励公民参加终身学习，德国政府所推出的带薪教育休假制度也取得了很好的效果。按照德国的法律规定，从业人员每年可以享受 10 天左右的带薪教育休假，利用这个时间参与学习，学习的内容和形式没有限制。

学习节活动是德国成人终身学习的主要特色，也是激发国民参与终身学习的重要手段。终身学习在德国已经形成了浓厚的社会氛围，德国社会也看到了终身学习已经成为 21 世纪的公民所应具备的基本素养。德国社会积极倡导终身学习，1997 年在德国汉堡举行了第五届国际成人教育研讨会，发布了《成人学习汉堡宣言》，宣言提出成人的终身学习是应对 21 世纪世界变化的关键所在，发展终身教育是国家提升竞争力的重要策略。为了激发全社会的终身学习热情，从 1998 年开始，德国每年举办一周的学习节活动，学习节的主体是"塑造、发展、继续教育"，主要目的在于发展成人教育、倡导全民终身学习。学习节活动在德国广受欢迎，当地的继续教育机构、政府、企业等组织都积极参与，各年龄阶层的人们也非常踊跃，逐渐在德国形成了一种学习节文化。德国的学习节是一种非常好的倡导和推进终身教育与学习的载体，学习节所形成的"学习创造快乐"的思想被越来越多的人所接受和认同，社会各界为人们提供了越来越多的终身学习机会，人们通过各种方式努力实现终身学习的目标。

（四）保障机制

教育质量是德国继续教育追求的首要目标。继续教育的重点是教学效果，以教学效果的好坏为尺度衡量办学办班的成本。总体来看，主要是通过以下三个方面的基础环节对继续教育质量提供了有效保障。一是不断完善继续教育管理体制和机制，为继续教育的运行提供良好的制度保障，保证整个教学活动的有效运行。二是提高继续教育管理者的素质，通过良好的管理提升教学的质量，为继续教育提供科学的管理服务。三是提高继续教育教师的素质，增强教学的质量和效果。继续教育是德国社会中一项重要的社会事业，继续教育教师有着较高的社会地位，继续教育教师的质量得到有效保证。德国的大学一般都设有培养专门继续教育人才的专业，经过两年的专业训练掌握从事继续教育管理或教学的技能。

全面质量管理工程的实施对保证质量起到了重要作用，很好地实现了规模控制、教师控制、过程控制。继续教育培训不盲目追求规模，而是小规模、高质量，培训研讨班一般是18—20人；专题讨论班一般也不超过10人。小班培训可以取得良好的教学效果，每个学生都有机会参与讨论，学员之间可以进行充分的交流沟通；每一个学员都可以被作为主体被注意，教师和学员之间可以形成更好的互动。全面质量管理通过制定透明的质量标准实现对教育质量的有效控制和管理。例如，在企业中，继续教育的质量保证通过DIN/ISO9000进行，企业也将培训机构的管理体系作为企业全面质量管理的组成部分。针对企业的培训质量更多通过客户的满意度来测量，形成了一套完整的质量测评程序和手段。继续教育证书的发放有专门的机构负责，在全社会都被认可，发证机构一般都是与教育机构无关的中间组织，很好地保证了继续教育的公正性和可信性。劳动部门购买的继续教育培训项目有着自身的一套质量体系。个人接受继续教育的质量也会得到有效的保证，比如在专业学校、师傅学校等开展的学历继续教育，《职业教育法》《手工业条例》等都对教育质量提出了具体的标准，个人所接受的非学历继续教育，则要符合消费者保护条例，联邦职业教育研究所、劳动局等有关机构所确定的质量标准或规定。

德国继续教育质量保障的另一个鲜明特点是行业协会的自律和监管。德国的行业协会历史悠久，影响深刻，行业协会对继续教育形成了一套完整的行业标准，它弥补了政府监管的空缺。在继续教育市场不断扩大、办学主体复杂、消费者日益多元的环境中，行业的自律和监管就显得非常重要。在这方面，德国积累了丰富的经验。行业协会所提出的继续教育标准成为继续教育市场各主体都主动执行的标准，这就提升了继续教育市场的规范化程度。比如德国的中小企业经济联合会规范了中小企业培训的质量标准，同时还对中小企业的创新发展和人才驱动提供指导①。

在德国继续教育发展过程中，除了行业协会的自律监管发挥了重要的作用之外，还逐渐建立起了比较成熟的第三方市场监管机制，这也符合德国继续教育市场化主导的运行机制。德国继续教育市场巨大，而政府一般不会参与直接的监管，因此第三方监管机构逐渐兴起。这些专业化的社会监管机构能够按照国家法律规章的要求对继续教育提供者的行为进行监管。各种培训主体，不管是政府组织、社会组织、非营利组织还是私营培训机构都接受第三方的市场监管，各种继续教育活动得到了有效监控，市场秩序稳定有序。近年来，远程教育逐渐兴起，第三方监管机构也将其纳入到市场监管的范围之中，对远程教育机构的教学过程、教学效果和教育质量进行全方位的监督管理，进行严格的过程监管，对保证远程教育质量起到了积极的促进作用。

（五）沟通机制

在促进不同类型的教育之间相互沟通衔接方面，近年来德国作出了积极的探索和尝试，继续教育和职业教育、高等教育之间的沟通渠道日益畅通，终身教育立交桥的建设已初见成效。这主要体现在以下三个方面。

一是德国所创建的终身学习国家资格框架成为世界范围内终身教育体系中的制度典范，这一框架实现了普通教育、职业教育、高等教育和继续教育等多类型、多层次教育之间的沟通衔接。2013 年开始实施的德国终身学习资格框架，强化了资格的能力导向，规范了非正规和非正式学习成果的鉴定，为教育和就业系统之间提供了"资格转化器"，促进了学习者和劳动力

---

① 周伟:《德国继续教育创新管理的经验与启示》,《中国卫生人才》2017 年第 12 期。

在国内及国际之间的流动，也为公民参与终身学习提供了更多的机会。这一框架所确定的两类能力和八个等级，比较科学地反映了工作场所对技能的不同要求，构建了从学习到工作之间完整对接的体系，第一次提供了每一个教育领域所包含的所有资格，建立了完整的能力模型，且做到了能力资格的互通衔接，在普通教育、高等教育、职业教育和培训以及继续教育之间搭建了一个比较畅通的沟通桥梁。

二是积极推动职业教育培训与大学教育的渗透。近年来，德国高等教育发展的一个明显趋势，就是逐渐打破大学学术教育与职业教育之间的边界，促进两者之间相互渗透，更加适应现代社会高等教育发展的规律和人才培养的要求。传统教育模式下的职业教育很难实现与大学教育之间的沟通和渗透，但现实又有着紧迫的要求。为了使接受职业教育的人有机会进入大学学习，德国政府积极促成大学向那些非传统学生打开校门，使他们也有机会进入大学学习。在德国，很多人虽然没有获得高等教育入学资格证书或考试证书，但是他们却有职业资格证书，在传统模式中这部分人没有再进入大学学习的机会。再有，就是绝大部分接受职业教育培训的毕业生，因为种种障碍的存在，也很少有机会再进入大学学习。这就意味着上述这些人群没有一个接受高等教育的途径。为了解决这种职业教育与高等教育之间割裂的现实问题，德国提出了"不需要高中毕业证书的大学学习"的倡议，并通过创造有效的途径实现了职业培训教育与大学教育之间的渗透，比如"对学习者的职业资格进行认证，对先前的学习经验进行鉴定，以及创新高等教育的组织模式和教育模式，以适应非传统学生的需求等"①。

三是对有职业教育培训背景的学员进行"先前学习"鉴定。为了减少职业教育培训与大学教育之间的阻隔，联邦教育和科研部采取了一系列行动探索，逐渐开发出对有职业教育培训背景的学员进行"先前学习"的鉴定。例

如在 2005 年推行的"为接受高等教育而进行的能力认证",涵盖了社会服务、教育和健康领域,经济、管理、商业行政领域,信息科技领域,工程领域等四个领域。主要的任务是确定如何描述学习的成果,对职业教育培训成果与高等教育学习成果之间的等价性进行评估,涉及职业教育成果在大学里实施的认证程序等。另一个富有成效的探索是开发"基于工作的学习",用来弥补传统大学组织和教育模式不能适应非传统学生的问题。

第六章　日本继续教育管理体制机制

　　1868 年的明治维新掀起了日本资本主义性质的现代化改革，快速推进了国家的工业化进程，并以此为开端帮助日本在亚洲第一个走上工业化发展道路，逐渐跻身世界强国之列。"二战"失败后，日本满目疮痍，百废待兴，但仅仅经过 30 年左右的时间再度崛起，第一个从战后的"发展中国家"跃入"发达国家"行列，到 1968 年已成为仅次于美国的世界第二大经济强国。经过长期建设与持续发展，日本的现代化水平不断提升，综合实力在亚洲排名第一。作为一个高度发达的资本主义国家，日本有着发达的工商业、金融服务业，有着强大的商品制造能力，是全球供应链中位居核心地位的国家之一。日本社会发展水平很高，贫富差距比较小，教育机会充分，教育水平居世界前列，整体人口素质高，有良好的医疗、养老等社会保障体系，国民有很高的生活水平。日本总人口为 1.268 亿（2017 年），GDP 总计 4.872 万亿美元（2017 年），目前是仅次于美国和中国的世界第三大经济体。人均 GDP 38428 美元（2017 年），排名世界第 25 位，人类发展指数为 0.909（2018 年，极高），排名全球第 19，位列亚洲第 1 位。

　　"二战"后的日本经济近乎崩溃。但是，日本却在战后短短 30 年的时间里，实现了经济迅速恢复和崛起，很快成为举世瞩目的世界经济大国。在亚洲各国中，日本先后率先实现了人均 GDP4000 美元、8000 美元的目标，并第一个跨越中等收入陷阱，创造了一个又一个发展奇迹。研究表明，日本经济的快速崛起，关键是实施了有效的人力资源战略，将人力资源作为经济发展的核心动力和可持续发展的能源，适度超前的人力资源发展战略是经济发展的主要经验之一；教育先行是日本人力资源发展战略的基本措施和主要经验。日本是一个高度重视教育和科技发展的国家，他们会及时对教育与人力资源开发、科学技术的政策进行调整，以适应不同发展阶段的要求，及时推进包括继续教育在内的教育改革；与此同时，企业组织也采取了特殊的人力资源培训与开发战略。日本历届政府都把教育列为"经济活动的一环"，从影响经济增长的视角将教育置于突出的位置，持续加大对教育的投资力度，在人力资源开发上成效显著，为经济的发展提供人力支撑。

一、日本继续教育发展的基本脉络与主要特点

（一）基本脉络

日本的继续教育相对于其他国家有自己的特指，从狭义的继续教育来说，主要指正规学校的学生在毕业或结业之后所接受的教育和培训，日本经常称之为研修；广义的继续教育和其他国家的概念内涵相似。战后日本的崛起与其重视继续教育与企业培训是分不开的，通过继续教育与培训提升了人力资源的整体水平，促进了科技创新、经济发展和社会进步。日本特别注重全体公民文化素质的提升，也注重公民自我意识和能力的完善，1949 年颁布的《社会教育法》，就明确规定国家和地方公共机构应努力创设一种教育环境来促进这种目标的实现。其后，在 1953 年颁布的《青年学级振兴法》中，规定"为当时接受九年制义务教育后便直接进入社会的劳动青年提供学习机会、组织学习活动"①。可见，日本的终身教育和继续教育有着深厚的历史基础。

---

① 黄鸿鸿：《日本继续教育概述》，《外国教育研究》1991 年第 4 期。

如前所述，20 世纪 60 年代出现的终身教育理念对世界各主要发达国家的教育发展和社会变革都产生了深刻影响。日本的现代化进程深受终身教育的影响，在传播和落实终身教育理念的过程中，日本应该是走在了世界各国的前列。从历史角度来看，对于发展终身教育，"无论是重视程度，还是政策执行力度以及措施的完备程度，日本均走在世界其他国家的前列"①，成为推进终身教育政策较早的国家之一，而且"日本不是把终身学习停留在一种时髦的教育思想层面，而是将其转化为一种切实可行的教育实践"②。这种积极主动的顺应教育发展趋势的努力，极大地促进了日本的教育发展和社会进步。终身教育思想出现之后很快就在日本传播开来，他们也为此做了积极的努力，例如联合国教科文组织日本国内教育审议会在 1967 年的时候就以"社会教育的新动向"为题，将朗格朗提出的终身教育思想在日本广泛传播和介绍，他们还正式出版了朗格朗的主题报告。70 年代到 80 年代，在一系列积极措施的促进下，日本成人继续教育得到快速发展。1971 年，中央社会教育审议会发表的《关于适应社会结构急剧变化的社会教育》报告，对推进日本社会教育和终身教育的发展提出了许多非常具有建设性的建议，是这一时期日本教育发展进程中的一个重要文献。比如，这个报告进一步拓展了社会教育的概念，对社会教育做出了新的界定，扩展了社会教育的领域和范围；再如，这个报告提出要根据终身教育的观点推进教育的系统化，从系统整合的视角发展教育体系，提出"有必要从终身教育的观点出发，全面调整教育体制"③，这一倡议促进了日本的教育体制改革。该报告还特别强调从终身教育的理念出发，要建立终身教育体系，就必须统筹家庭教育、学校教育、社会教育各种不同的教育资源和力量，实现它们的有机结合。该报告还进一步提出要改进教育内容和方法，促进各组织的学习活动和志愿活动，以

---

① 吴忠魁：《当今日本建设终身学习体系的经验与措施》，《比较教育研究》2000 年第 5 期。
② 王义高：《当代世界教育思潮与各国教改趋势》，北京师范大学出版社 1998 年版，第 211 页。
③ 胡荣、李雅春：《终身教育思想在日本的推进及对我国的启示》，《北京成人教育》2001 年第 6 期。

及进一步加强社会教育的管理等。这个报告的诸多观点都体现了终身教育、终身学习和学习型社会理念的基本思想。70 年代以后，教育和学习的重要价值引发了日本产业界的重视，很多的企业管理者开始关注员工的培训，把员工教育与培训作为劳动力再开发政策系统的重要组成部分。这一时期，日本积极推进第三次教育改革，从所发布的众多改革文献和举措看，都深受终身教育思想的影响，并且明确将终身教育思想作为整个教育政策改革的指导思想 . 这在世界范围内产生了强烈影响，正如有学者所言，"当今世界都在酝酿教育改革，但在 1971—1972 年度提出改革报告的所有国家中，唯独只有日本明确宣布它是以终身教育为前景，从学前教育，一直改革到成人教育阶段。"[①]80 年代，国际化、信息化、老龄化时代成为发达国家普遍面临的问题，这对教育和人力资源开发也提出了新的挑战，日本主动顺应社会发展大趋势，率先提出了向终身学习社会过渡的口号。日本在经济社会发展的过程中，对教育和人力资源的认识程度不断加深，教育与人力资源在整体社会中的地位不断加强，在这一时期日本面向未来发展，出台了面向 21 世纪的综合发展战略，建设终身学习社会成为日本整体发展战略的重要甚至是关键的组成部分。实现这一战略的基本途径就是要全面提高国民的整体素质，加快构建终身学习体系。1981 年，日本中央教育审议会在《关于终身教育》的答询报告中进一步明确了终身教育的核心和关键，并将制度的重构作为构建终身教育体系的核心环节，其中指出："终身教育的基本理念是要重新制定教育制度，以确保每个国民为拥有充实的人生，持续一生地开展学习。"[②] 这一阶段，在学习型社会理念的影响下，日本对未来社会发展的形态也进行了反思和探索，第一个提出要"构建学习化社会"，认为在这样的社会中，教育的未来愿景会更加美好，每一个人都可以在任何地点、任何时间自由地进行学习。为实现这一理想，日本也相继采取了一些探索性的措施。1984—

---

① 　[法] 让·托马斯：《世界重大教育问题》，上海师范大学出版社 1978 年版，第 3 页。

② 　日本生涯学习协会：《生涯学习辞典》，东京书籍 1994 年版，第 515 页。

1987 年时期是日本积极推进向终身教育体系转型的时期，临时教育审议会为此曾连续四次发表有关答询报告，提出了相关的教育政策和改革的方针。1988 年，终身教育体系建设在日本进一步推进，文部省又进一步明确了振兴终身教育的方向，提出了诸多新的改革措施，比如完善了终身教育的推进体制，建立了提供学习信息、完善咨询服务的新机制，重视终身学习设施的建设并适应时代的发展推进组织网络化、知识化发展。

20 世纪 90 年代以来，日本掀起了新一轮的终身学习热潮，终身学习事业的推进取得了一系列显著的成绩，世界各国开始关注日本的终身学习动向，使日本成为许多国家学习的典范。这一时期最重要的事件是 1990 年日本《终身学习法》的制定和推行，在日本产生了广泛而深刻的影响，日本终身学习的体制进一步完善，人们终身学习机会的进一步增加，社会各方面的教育资源进一步整合。在加大对终身教育事业规划和管理的同时，日本还积极推进终身教育市场化进程。特别提出，"振兴终身学习不仅仅是文部省的职责，而且也是以通商产业省为中心的包含中央各个机关在内的综合行政需要考虑的重要内容。特别是要在国家主导下推进都道府县一级终身学习的体制及各民间团体的参与，以实现其市场化"①。90 年代中后期，日本又推进了终身教育社会化、社区化的进程，积极探索高等教育接受社会人入学的途径，推进社会学校的改革，进一步加强了社会教育相关设施的建设。②

21 世纪以来，日本注重地方自治发展对教育与学习需求，开始推进继续教育主体的多元化进程，继续教育体系的框架基本建立，继续教育、终身学习的理念融入到企业、行业乃至全民教育之中。2004 年发布的《关于振兴今后终身学习对策》的报告中，宣称日本继续教育已经形成了一套相当完备的体系。为了迎接新世纪更复杂多元的挑战，日本在 2008 年出台了中长期教育发展规划。在这个规划中，日本重新确立了"教育立国"的理念，尤

① 社会教育推进全国协议会编：《社会教育·生涯学 ハンドブック》，エイデル研究所 2007 年，第 170—172 页。

② 吴遵民：《现代国际终身教育论》，中国人民大学出版社 2007 年版，第 201 页。

其是提出了"超智能社会"的发展趋势，并认为教育政策的核心是最大限度地拓展每一个人终身所有阶段的"可能性"与"机会"，提出要"构建活力四射、丰富多彩的终身学习环境"的四项目标，即人活百岁的"百岁人生"时代下推进终身学习；推进有关改善人们生活、实现社会持续发展的学习；推进社会人士的再学习、再深造，使其在生涯的各阶段均能掌握职业所需的知识和技能；推进残障人士的学习保障机制。① 这一发展规划和教育愿景，推动日本继续教育和终身教育进入了一个新的发展阶段。

（二）主要特点

一是高度重视继续教育发展。从上到下的高度重视是日本继续教育得以发展的最关键因素。日本将继续教育作为国家人力资源开发的重要战略，作为国家教育发展战略的重要组成部分。由政府一些主要部门主持的各种教育审议会，无论涉及何种教育领域，但论点的中心及目标均以终身教育为基础。企事业单位充分认识到人力资本的重要性。普通民众普遍具有继续教育意识，对终身教育理念的推广及建立新教育体制的积极性甚至超过了政府。当丰富的物质条件满足以后，国民进一步追求的目标就转向了自身文化素养及精神生活方面的满足，有着强烈的学习要求，为此他们对继续教育也是十分看重的。

二是明确继续教育发展目标。日本发展继续教育一直有着明确的目标，并用以引领继续教育的改革发展。日本在社会、个体、国家等多层面都有明确的继续教育目标导向，比如个体层面对于促进身心健康、个体自我实现的目标；社会层面促进人际交往与沟通，建设良好社区文化的目标；国家层面促进经济发展和综合竞争能力的目标等。围绕这些目标，日本不断调整和优

---

① 李冬梅：《日本教育如何迈向 2030 年——解读日本〈第三期教育振兴基本计划〉》，《中国教师报》2019 年 12 月 25 日。

化继续教育发展的方向和职能，并提出实现目标的路径。比如在上世纪80年代日本推进的第三次教育改革时期，就将终身学习体系的建设作为教育的指导思想，提出了教育改革的目标。从人的职业发展的目标出发，继续教育也承担着重要的责任，比如要通过继续教育分阶段开发自我的潜能，有系统的训练自己的能力。从企业发展的角度来看，继续教育也有明确的目标，企业培训特别强调人本管理，坚持技能第一的理念，把员工的期望与企业发展目标结合起来。

三是丰富的教育形式与教育内容。日本社会领域中的成人继续教育主要是以社区为基本单位进行的，社区居民的多样化需求决定了日本成人继续教育内容的丰富性。成人继续教育要围绕着社区居民在提高修养、陶冶情操、强身健体以及提高生活质量等多方面的需求提供教育服务，构成了日本继续教育的重要内容。日本的社会教育经验丰富，其所创造的履修科目生、社会人入学、夜间研究生院等教育制度都是日本的特色。在教育的组织方面也有多样化的鲜明特点，有的是由公民馆来组织的，有的是由居民自发组织的，具有很强的灵活性。在企业领域中的员工教育与培训，则要根据企业发展的需求和实际，制定相应的教学内容。随着企业发展的日益复杂，企业培训的内容也越来越丰富，涉及到技术、管理、文化等多个方面和领域，培训的手段也日益丰富。

四是灵活多样的继续教育培训方法。日本继续教育与培训的方式方法根据不同的教学目的和教学对象而设定。在成人社会教育领域中，针对成人学习的一般特点，大大增加了交流式教学、现场式教学、体验式教学等方式，更好地适应了成人学习的特点。从企业继续教育的教学方式来看，也是灵活多样，除了面对面的传授知识和技能外，还通过研讨小组式学习、与教师进行人机对话式学习，以及计算机网络自我学习的方式，以达到不同的教学目的。成人培训尤其倡导交互式教学和体验式学习，避免单纯的知识灌输。在日本，有的培训就在车间进行，以增强实践体验感，也有利于知识和能力的转化与迁移，学生也有学习的乐趣。日本所强调的轻松教育的理念，在继续教育培训领域也得到了充分体现。

五是注重做好继续教育研究和规划。日本很重视对继续教育相关问题的研究，从而做好预测、规划等工作。有很多专门的教育培训研究开发机构（包括政府和民间的）设置庞大的研发团队，开展培训项目、培训课程、培训形式方法的研究开发，这进一步增强了教育培训的针对性、实用性和实效性。专业的研究部门会运用科学的研究方法，对继续教育的规律性和特点进行调查研究，把握问题的核心和要害，进而提出解决问题的科学策略。针对继续教育领域的教育需求，劳动力市场的发展趋势，教育质量的效果测量与评价等等，专业研究机构都会提出决策的咨询建议，为做好发展规划提供基础方案，使得继续教育的发展更加符合科学规律。如文部省生涯学习政策局作为一个专门的教育研究机构，会及时跟踪社会发展的变化趋势，尤其是关注人口老龄化带来的一系列社会问题，会根据日本社会老年化问题，分析背后所存在的教育原因，找到通过老年人培训的回应策略。

二、日本继续教育管理体制

建立终身学习体系是当今世界教育改革和发展的共同趋势。日本作为后发型发达国家，其继续教育和终身教育水平能够跻身世界前列，实属难得，必定有自己的经验和特色。从管理体制方面看，日本围绕终身学习体系建设，从上到下形成了一种一致的认知和行动方向，逐渐建立了比较完备的终身教育行政体制和推进机制，各种不同的继续教育机构承担着不同的责任，社会力量也是广泛参与，为满足不同层次、不同学习目的人群的需求提供了各种各样的机会。

（一）组织领导

日本发展继续教育与终身学习的首要策略，就是从健全和完善终身学习的行政体制和推进机构入手，在组织领导上实现一种优先保障，进而通过一定的政策落实，推进终身学习从一种文化层面的思想理念转化为具体的、现实的教育政策和教育行动。为此，他们建立了比较完善的、以继续教育为主体内容的终身学习行政组织体系，主要表现为终身学习行政决策部门、教育审议机构的创建与调整。总体来看，日本所建构的管理体制比较成熟，适合日本行政改革的方向和社会的现实，在经过多次调整和优化后，逐渐使终身教育和终身学习成为一种"社会建制"。日本继续教育与终身学习组织推进体系主要体现在三个层次：一是国家中央级行政管理部门，主要是文部省终身教育局、终身学习政策局和综合教育政策局的先后设立，在国家层面发挥着组织领导和宏观协调的功能；二是在国家层面上成立的国家终身教育咨询机构，虽然这是一个咨询性质的机构，但在推进终身教育政策的制定与落实方面发挥着关键性作用；三是在地方层面，主要是地方终身教育行政管理机构和咨询机构的设置，这是终身教育管理的执行层面，具体落实各项管理政策。

首先是在中央教育行政管理的组织体系上，继续教育的全国领导机构对于继续教育的发展具有至关重要的作用，日本在此方面改革力度之大，可以说走在了世界各国的前列。文部科学省是日本主管全国教育的最高机关，在制定国家继续教育政策、统筹继续教育资源、分配继续教育发展资金等方面发挥着主导作用。为此，它的组织机构和领导能力对于一个国家继续教育的发展是非常关键的。同时，文部科学省还要从整个国家社会发展的角度，在更广泛的政府机构中发挥协调功能，通过加强与其他行政省厅的沟通，推进各部门领域内的教育与人力资源开发工作，以确保各部门依据终身学习的理念制定教育培训相关政策，以达到共同营造推进继续教育与终身学习良好氛围的目的。例如，促进国际贸易与工业部成立了终身学习发展办公室，推动工业组织的人力资源开发，帮助私营企业制定终身学习规划和政策；促进劳动部门加大对教育与人力资源开发的投资力度，促成劳动部门作出同意支付工人80%再培训费用的决定。文部科学省在推进日本终身学习体系建设中发挥着重要作用，出台了许多有代表性且富有成效的继续教育发展措施。例如为了给那些获得合格证书的学习者授予相应的学位，文部科学省在20世纪90年代专门成立国家学位研究会，授予私立机构通过测试评定技术等级，符合条件者可以由国家学位研究会授予学位，同时鼓励公司和其他机构在选拔人才时使用这种操作手段，有效地调动了成人学习者的积极性。为了推动家庭教育的发展，鼓励父母与孩子充分沟通与交流，营造良好的家庭教育氛围，文部科学省在1996年专门发起了名为"让我们与孩子交谈"的全国性运动，家庭教育的氛围日益浓厚。为了使更多的成人有学习的机会，他们倡导构建中心区域学习网络，到上世纪末使"空中大学"覆盖到全日本。

日本在文部省独立设置时期，以调整和完善组织体制为突破口，积极推进终身学习体系建设，1988年7月对社会教育局进行了改革，在原来组织体系的基础上进行了扩充，发展成为终身教育局。无论是从职能上，还是组织地位上，终身教育局都发生了很大的变化，而且成为文部省所设12个主要局级机构之一，并构建起在中央统一领导下系统的终身学习管理机构和基础设施。学界普遍认为，日本是世界上第一个为终身学习体系建设而专门设立国家级行政管理机构的国家。终身教育局的主要任务是以终身学习的观点，统筹、协调学校教育、社会教育，促进文体活动的振兴，协调文部省其他司局有关终身学习的措施和部一级政策的规划、资助及政策制定等事务。终身教育局下面设有五个具体的部门，分别承担着不同的终身教育管理任务，分别涉及到终身学习振兴、社会教育、终身学习资源与资讯、青少年校外教育以及妇女教育等问题。在文部省终身教育局下还设有几个其他与终身教育、继续教育密切相关的组织协调机构，比如专修学校振兴室、民间教育事业振兴室以及地方支援室等。

2001年，日本文部省和科学厅重组成立文部科学省，在这次机构改革中，为了强化终身教育的规划功能，"终身教育局"改称为"终身教育政策局"，主要负责终身学习事业的规划，对学校教育、社会教育以及文化振兴的相关发展做出调整。同时，将中央教育委员会的部分管理和调查职能划归到终身教育政策局，以期加强有关包容性教育政策的规划和协调职能，更有利于促进终身学习体系的构建。2018年9月，日本文部科学省的组织架构又进行了较大幅度的调整，进一步调整了终身教育主管机关的设置，文部科学省下属的"终身教育政策局"改组为"综合教育政策局"。这一组织和制度创新，是日本应对科技迅猛发展、社会急剧变革给教育带来的严峻挑战的需要，包括日本"少子化"和"老龄化"社会所带来的劳动力人口不断减少、老年教育迅速扩张的趋势；包括日本"超智能社会"的到来所带来的人们生活方式和工作方式的巨大变革，以及为了进一步促进学校教育和社会教育的高度融合、加快学习型社会的建设步伐。"综合教育政策局"成为文部科学省新的第一大局，该局下辖七科，包括政策科、教育改革·国际科、调查企划科、教育人力政策科、终身学习推进科、地区学习推进科及男女共同参与·社会学习安全科，其主要职责是依据终身学习的理念，规划和推进综合教育政策，在全面客观的基础上发展促进终身学习政策的基础设施，从人力资源、环境改善、业务支持的角度促进地区终身学习。

在咨询审议机构的功能与设置上，"临时教育审议会"和终身学习审议会发挥着重要作用。日本政府非常注重教育咨询审议机制的建设，1984年成立了直属于内阁总理大臣的临时教育审议会，国会还专门颁布了为期三年的《临时教育审议会设置法》，仅在这三年期间，审议会就"先后发布了四份关于终身学习的咨询报告，极大地推动了日本终身学习观念的传播，对日本终身学习社会的构建营造了良好的社会氛围"[1]。例如，其所提出的《关于整备终身学习的基础》咨询报告，直接促成了日本第一个终身学习法的形成。1990年日本《终身学习振兴法》进一步强化了咨询审议机构的设置，提出

[1] 李兴洲：《日本终身学习推进机制及启示》，《教育研究》2015年第12期。

要专门建立"终身学习审议会"，就终身学习发展的重大事项直接向文部大臣或有关行政部门长官提供咨询或建议，同时也可以直接负责对有关终身学习的重要事项进行调查和审议。1992 年 8 月，作为文部省咨询机构的全国终身学习审议会正式建立，许多地方政府也设立了地区性终身学习理事会。终身学习审议会是日本终身教育发展的国家咨询审议机构，直接对文部大臣负责。审议会被赋予了重要的职能和作用，要根据终身学习的实际状况和发展需要，深入开展调研、咨询和论证，是重要的教育领域"智库"，及时提出对全国具有指导性的政策。国家终身学习咨询审议会的创设，是日本终身教育制度的重要创新，与其他几个发达国家相比，在终身教育公共政策的制定中更加充分发挥了专家思想库的作用。

日本终身学习审议会成立之后，很快就发挥了独特的作用，尤其是在推进终身学习理念传播和终身教育制度建设上成效显著。审议会相继发布了一系列关于推进终身学习的咨询报告并产生了广泛影响。如 1992 年发布的《关于适应今后社会变化的终身学习振兴政策》、1996 年发布的《关于充实社区内终身学习机会的策略》、1999 年发布的《广泛地运用学习成果——活用终身学习成果的方案》等，从不同层面和方向对终身教育发展面临的环境、挑战、课题以及对策等进行了分析，回应了这一时期日本终身教育发展的一系列新课题。审议会的这些报告不但在社会上产生了深刻影响，而且很多政策建议最后成为文部省制定各种相关政策的主要依据。可以说，日本的国家终身学习审议会是一个比较成功发挥作用，充分展现其价值的政府决策咨询机构，在实践中对日本终身学习的推进及学习型社会建设具有积极的推动作用。另外，日本全国教育政策研究所终身学习政策研究部在推进日本终身教育体系的建设中也发挥着重要的作用，它通过基础性调查研究，确切把握日本国民的学习观念、学习意识、学习需要，以及成人的知识与技能水平、教育状态与问题，通过终身学习构筑职业生涯发展模式，开展"地区性的教育能力"等终身学习社会的课题研究。

在地方行政管理与咨询审议中，构建了比较完善的继续教育推进组织网络。根据日本的终身学习法，地方政府在发展终身教育、继续教育中承担着主体责任，文部科学省也赋予了地方政府和地方教育委员会比较大的管理职权和自主决策权。为了整体推进终身教育事业，地方政府也分别成立终身教育和继续教育的组织领导机构，例如在地方所有的都道府县、市町村都设立了负责开展终身学习的司、处、室等机构，有的是终身学习振兴室，有的是终身学习推进中心等，具体负责地方终身教育与学习的管理、服务与推进工作。对于地方政府在发展终身教育中的责任，终身学习法也进行了明确的界定，涉及的管理内容比较多，自主管理的权力比较大，与此同时，管理的任务也比较重。例如，日本地方政府中的都道府县及其下辖的教育委员会，要负责收集整理和提供有关终身学习的思想，让更多的民众接受终身学习的理念；要开展有关居民终身学习需求和对学习成果评价的调查研究，为科学制定教育方案提供充分的依据；要开发适应地区实际的学习方法，提升终身学习的有效性；要实施居民学习指导人员和建议人员的研修，提高他们开展终身学习活动的能力；要对地区的终身学习机关和团体提供建议及其他援助，为他们的终身教育活动提供好服务。此外，还要加强与区域内社会教育有关团体的联系，加强区域间终身学习机构的联络与合作。由于终身教育是一个涉及到各领域、各部门的复杂的教育系统，地方政府也不是包罗万象，而是要突出重点，重点加强终身教育推进体制的建立，比如要根据各地区的实际情况制定地方性法规，根据工作需要设立专门的行政机构，围绕社会整体发展战略制定终身学习振兴计划，统筹资源设立终身学习推进中心等具体实施机构。如 1969 年日本静冈县发表《第 7 次静冈县综合开发计划》，明确指出推动学校教育和社会教育的结合，以此来构建综合型终身教育体制。1990年，京都出台了日本全国第一个地方性有关终身学习的条例《京都府终身学习审议会条例》。1999 年，成立了由 144 个市町村参加的"全国终身学习市町村协议会"，以加强信息和人才交流。

（二）办学体制

终身教育体系的构建需要大量的继续教育机构作为支撑，为此，办学体制直接影响到终身教育体系建设的进程。日本在积极倡导终身教育理念的同时，一方面加大政府投资承办继续教育的力度，另一方面，又充分地调动社会力量参与终身教育，政府与社会形成了良好的补充互动。在此过程中，政府发挥了积极的主导作用，为社会民众创造了各种各样的学习机会。在日本，"继续教育机构设置和途径多种多样，办学形式比较灵活，专业范围广泛，较好地适应了不同行业、不同层次广大公众的学习需要，充分保障继续教育和终身学习机会。逐步建立起一套行之有效的继续教育办学实施机制"①。

社会教育设施。日本社会教育设施主要包括各类公民馆、图书馆和博物馆等。公民馆是日本独特的社会教育设施，已经成为日本实施成人文化教育最具代表性和普遍性的形式。日本《社会教育法》积极倡导通过建立公民馆的方式拓展社会教育的领域和范围，并对地方建立公民馆提出了明确的要求。由于公民馆定位准确，适应了日本社会快速转型中的社会需求，政府进一步加强了公民馆的建设，在1959年专门颁布有关公民馆设置和管理的使用规定。日本公民馆立足于社会发展和公民需求，组织开展诸如讲座、课程辅导班、展览、图书借阅、体育竞赛等各种教育和文化活动，还可以组织公民特殊需求的集会等，内容丰富，形式多样，深受社区居民欢迎。20世纪七八十年代，日本公民馆经历了一个快速发展的阶段，数量增长很快。1947年的时候日本仅有2016个公民馆，到1968年就增加到1.38万所，1981年增加到1.72万所，公民馆的专职人员数量也达到了157万人，经费达到2278亿日元。到1990年各类公民馆的数量又上升到1.73万所，90%的市镇村都设有公民馆，开办有16万个各种各样的讲座和学习班，参加学习的人数达到3000多万人次。据2008年文部科学省统计数据，日本全国公民馆总

---

① 李兴洲:《日本终身学习推进机制及启示》,《教育研究》2015年第12期。

数为 15943 所。与此同时,日本还积极推动公共图书馆和博物馆成为非正规教育的重要设施。

学校教育系统。日本倡导所有正规学校都要向社会开放举办继续教育。中小学要为那些没有完成中等教育的人们提供补偿性的学习机会。到 1993 年,94%的小学、89%的初中和 63%的高中校园设施实现了向社区开放。大学、短期大学是举办高等继续教育的主体,在开展终身学习方面担负着极为重要的责任。为扩大面向全社会的学习机会,采取各种措施吸引成人学员参加学习,如一些大学开设了夜间部,人们可以利用晚上的时间入校学习;有的建立了单科学习制度,人们可以就专门某一学科或技能参加学习;有的对在职人员实行"特别选拔制度",给那些具备基本条件的人创造学习的机会;一些大学还允许成人获得特定科目的学分,这些都较好地调动了成人进入大学学习的积极性。发展到 1995 年,日本已有 83 所高等院校建立了终身教育中心,开展远程教育课程研究,培训终身学习指导者,为当地政府官员提供信息和终身学习计划。在 2000 年日本有 30 所大学开设函授教育课程,在校生约 26 万人,另有 6 所大学设置了函授制研究生院。大学是企业开展教育培训的重要基地,企业充分利用大学的优越条件开展培训,是一种投资省、收效快、效益高的有效途径。

专修学校和广播电视大学(放送大学)。日本的专修学校,又称特别训练学校,是在 1976 年正式创办的一种新型的继续教育机构。专修学校的定位是应用型职业教育,主要根据社会职业发展的趋势和岗位要求,对成年人开展应用性职业教育和专业技术培训。专修学校开办的课程主要有专门课程、高中课程和一般课程,专业涉及的范围非常广泛,可以包含社会职业的诸多类别。专修学校以其实用性而获得很多成人的欢迎,发展的速度也很快。1976 年有专修学校 893 所,学生 13 万人,到 2001 年已增加到 3496 所,学生达到 75 万人。日本广播电视大学也是具有一定代表性的终身教育机构,被认为是日本终身教育制度的核心,类似于英国的开放大学。日本广播电视大学从 1985 年开始招生,参照正规大学的模式及大学函授教育的标准进行设置，可通过远程教育的方式为更多的社会成员提供高等教育。日本广播电视大学的目标是："为工人和家庭妇女提供大学水平的教育；保证为那些已接受中学教育的人提供灵活的大学教育机会；提供新时代的教育，充分利用最新科学研究成果和教育技术，使尽可能多的人热心于大学教育，并通过促进现有大学之间教学人员的交流及扩大使用广播大学各种教学设备材料，以帮助改进日本的大学教育"①。

公司企业。日本公司企业的培训也很发达，企业将继续教育视为企业经营战略的重要组成部分给予特别重视。企业家们认为员工教育是一种远比设备投资更重要的投资，教育培训的作用非常重要，甚至将其与日本企业中的终身雇佣制度、年功序列工资制度、企业内劳动组合处于同等地位。企业大学在日本也非常普遍，通过这种组织内部的教育机构为本企业培养所需要的骨干人才。中小企业一般都有自己的培训中心或培训部门，承担员工培训的任务。此外，日本还有许多其他机构组织实施继续教育，如文化中心、广播电视公司等。

（三）法律制度

日本是一个非常重视法制的国家，尤其是在"二战"失败之后，日本更是加大了各领域立法的力度。日本的教育立法在"二战"之后发展很快，以《日本国宪法》为基础，逐步建立起较为完善的教育法律体系，比如 1947 年颁布的《基本教育法》《学校教育法》以及 1948 年颁布的《教育委员会法》等，而在八十年代以后终身教育的立法则成为世界各国学习的典范。

"二战"之后，日本倡导民主和分权的社会建设理念，加强了社会教育领域的改革。这一时期社会教育其实是整个日本成人教育、继续教育的主体。1947 年，日本制定了《教育基本法》，对社会教育的基本性质和价值功能作出

---

① 黄鸿鸿：《日本继续教育概述》，《外国教育研究》1991 年第 4 期。

了界定，提出"国家和地方公共团体必须奖励家庭教育以及在工作场所和其他社会场所开展的教育活动。国家和地方公共团体必须设立图书馆、博物馆、公民馆等设施；利用学校设施及用其他合适的方法去努力实现教育目的。"① 之后随即制定的《学校教育法》和《大学函授教育基准》也都对发展成人教育的相关事宜作出了规定。日本于 1949 年制定的《社会教育法》是这一时期具有代表性的成人教育法律，对成人继续教育的发展作出了更为详细的规定和要求，使其成为这一时期日本发展终身教育的具有奠基作用的法律规范，对社会教育的发展产生了重要的影响。50 年代至 60 年代，日本从不同领域不断加强成人教育和社会教育的法制建设，陆续颁布了一系列相关法律法规，如 1950 年制定的《图书馆法》，1951 年制定的《博物馆法》和《产业教育振兴法》，1953 年制定的《青年学级法》，1958 年制定、1969 年修订的《职业教育法》等。

终身教育思想出现之后，对日本社会产生了广泛影响，日本教育界对此也做出了积极的回应。他们一方面传播推广终身教育思想，另一方面积极推进终身教育的政策创新，并为终身教育立法做了充分的准备。这一时期，日本临时教育审议会曾发布了四份咨询报告，对推动日本终身教育政策的出台和立法起到了积极的促进作用。70 年代至 80 年代，日本明显加快了终身学习法制化进程。这一系列前期的准备工作和政策倡导，对日本终身教育立法起到了有力的促进作用，也正是在这种充分的政策积累和社会认同的基础上，终身教育专门法律的产生才有了法理基础和社会合法性基础。

1990 年 6 月 29 日，日本颁布了第一部关于终身教育的专项法律，即日本《终身学习振兴法》。这部法律是日本教育立法体系中的一部基本法，也是一部专门性成文法法规，是继美国之后世界上第二部关于终身教育的成文法，而由国会专门制定终身学习的国家法律，这在世界上也是先例。这部法律的诞生，在日本教育发展史上，乃至日本社会发展史上具有重要的意义，从教育与学习的角度讲，它标志着日本创建终身学习时代的开始；从社会发

---

① 吴遵民等：《现代终身学习论》，上海教育出版社 2008 年版，第 135 页。

展的角度来讲，它又代表着日本学习型社会的创建进入到了一个新的阶段。

日本《终身学习振兴法》共有 12 条，对立法目的、都道府县事业推进体制的基准、振兴地区终身学习构想、经费供给、终身学习审议会、各级各类教育的辅助完善、市町村的配合协作体制等事宜做出了详细的法律规定。该法对立法宗旨做了明确规定，即以"满足国民对终身学习机会的需求"为目的。在立法原则方面，将终身教育提升到国民教育中的核心地位，主张用终身教育逐步替代传统的学校教育；在组织领导方面，具体规定了由文部省和通产省领导全国范围内的终身教育推进工作；在发展目的方面，强调以终身教育直接影响国民经济的发展，把促进经济发展作为发展终身教育的重要使命。在学习设施上，提出终身学习机构由公民馆、图书馆、博物馆、体育设施、终身学习中心、妇女中心等构成。日本《终身学习振兴法》的颁布实施，开启了终身学习的新局面，从此进入终身学习时代。研究认为，"该法制定后，使日本开展和推广终身教育活动具有了法律依据。这也是终身教育在日本取得效果之根本所在。"①2002 年日本又根据实践的发展和需要对《终身学习振兴法》进行了修订。

近年来，为持续推进终身学习的发展，日本不断完善相关政策法律，在不同的教育立法中着重强调终身学习的理念和制度建设。例如 2006 年新的《教育基本法》对终身学习的概念又进行了新的阐释，终身学习更多强调了人的需求和发展，提出终身学习对人的人格发展、人生发展的重要价值，要能够"磨炼自身的人格"、"安度多彩的人生"。同时，新的概念更加强调了学习机会的提供，使国民能够在任何时候、任何场合开展学习；其次是从社会的角度强调了要能够活用终身学习的成果，体现学习的社会价值。由此可见，发展终身学习已成为日本的一项基本国策。此外，2008 年日本还对《学校保健法》《社会教育法》等进行了修改。②

①　孙世路：《外国成人教育》，教育科学出版社 1982 年版，第 115 页。
②　赵红亚：《终身学习：日本的基本教育政策》，《中国人口报》2006 年 8 月 2 日，第 3 版。

三、日本继续教育管理机制

（一）投入机制

日本之所以在较短的时间内实现了继续教育的快速发展，并且已经构建起比较完善的终身教育体系，这是与政府及社会在资金上的充足保障分不开的。终身教育体系的建设需要强大的物质基础做保障，继续教育的发展离不开有力的资金支持。随着日本现代化建设的发展，其在继续教育领域的投资始终保持了较大的力度。这一方面得益于政府对继续教育的高度重视和在财政资金上的持续投入；另一方面，各种社会力量包括企业、社会组织乃至个人等都承担着重要的角色，多种力量共同为继续教育的发展提供了充足的资金支持。

20世纪70年代，政府为了鼓励终身学习体系建设，在财政支持力度上逐渐加大，各级政府的财政预算和专项补助金有了很大的增加，有力地支持了终身教育事业的发展，继续教育基础建设得到明显的加强。政府对于社会教育的经费给予了较大的投入，重点加强了公民馆、图书馆、博物馆等社会教育基础设施建设，公民馆的财政预算得到了充分保障，在1971年的时候年度预算达到十多亿日元，推进了公民馆数量的迅速扩大和公民馆基础条件的改善。对于图书馆、博物馆等社会教育设施，除了政府财政有一定的保障之外，还专门实行了特殊的融资制度，确保了建设资金的来源。作为全国继续教育和终身教育主管机关的文部省终身教育局的财政预算也逐渐增加，1982年文部省还在预算中专门设置了"终身教育推进事业费补助"。不仅如此，这一时期日本还设立了用于终身学习事业的国库补助金。80年代以后，政府进一步扩大了继续教育事业的资金来源，在政策上给予了重点倾斜，如对终身学习事业采取税制上的一定优惠，一些金融机构对发展终身教育事业进行融资，1991年通过有效的融资制度使博物馆的建设得到有力的保证。90 年代，政府在终身教育事业上的财政预算仍然处于不断增加的趋势，1993 年终身教育局的预算已经增加到了 519.4 亿日元，终身教育事业的财政经费占整个国家教育费的比例上升到了 0.96% [①]。预算项目涉及范围也非常广泛，重点加强了终身学习的基础建设，加大扩充学校终身教育功能的力度、振兴发展社会教育事业、进一步完善青少年社会教育设施等，终身教育事业得到了全方位的发展。中央政府在财政上也大力支持地方终身学习活动的开展，推进地方政府构建终身教育体系。例如"地方终身学习振兴费补助金"的设立，有力地推进了地方终身教育设施的建设，支持了地方终身教育活动的开展。一些专项支持计划也陆续实施，如在 2008 财政年度中，文部省围绕推进成人积极参与二次学习、鼓励社区中家庭教育的发展、促进人权教育等课题，确定了十余项专项支持计划，财政补助金额达到 172 亿日元 [②]。

由于终身学习涉及众多部门，"文部省以外的省厅和经济界也投入了大量的资金，有力地支持了终身学习体系的建立。"[③] 例如，原 14 省厅的资金投入也很多，所涉及的领域就更加广泛。1995 年除文部省以外的其他省厅给予终身学习的预算约达 3 万亿日元，涉及到了终身学习体系建设的各个方面。根据终身教育和学习的理念，社会各部门都承担着发展教育、促进学习的责任，从各个不同的社会领域共同促进终身教育的发展。例如厚生省用于老年人福利中心、健康设施费用达 825 亿日元；劳动省用于职工综合福利中心、体育设施、野外活动设施等达 227.2 亿日元。各省厅还注重加强合作，共同开展终身教育活动，一起营造良好的终身学习氛围，"在 2008 财政年度中厚生省与文部省合作设立了涉及健康教育、职业能力培养、青少年教育等十多个项目，共计投入资金 313.89 亿日元；农林水产省与文部省合作设立了农业二次机会支持项目、农业

---

① 臧佩红：《日本现代化历程研究丛书——日本近现代教育史》，世界知识出版社 2010 年版，第 10 页。

② MEXT. National Report on the Development and State of the Art of Adult Learning and Education [R] .2009.

③ 孙清萍、王威：《浅析日本终身学习型社会的构建》，《中国成人教育》2006 年第 10 期。

推广合作专款项目等六个项目，共计投入资金 437.29 亿日元。"①

地方政府对继续教育也投入大量经费。实际上，地方政府一直是社会终身教育发展的主体，也是主要的经费提供者，地方政府的财政拨款更加注重加强公民馆、图书馆、博物馆等公共基础设施的建设，也有大量的经费用于社会弱势人群的培训和学校系统开展的继续教育。从政府社会教育费的比例来看，地方政府的拨款占到 98% 的绝对优势。在政府的积极倡导下，一些民营资本也投向继续教育，举办继续教育培训或承接政府委托的项目。企业组织基于对员工培训高度重视，也是继续教育经费的主要投入者。早在 20 世纪 80 年代初期，政府就在法律上做出了明确的规定，凡是雇佣 10 人以上的企业，雇主必须拿出雇员工资 1.5% 左右的资金作为员工接受继续教育的经费，但是在实际运行中，企业一般会投入更多的经费到员工培训上，目前这一比例有的已经达到了 2.0%。

（二）市场机制

日本继续教育具有典型的市场机制特征，并且从 80 年代开始这一趋势日益明显。90 年以来，受日本行政体制改革的冲击和影响，基层自治体的数量大幅度减少，"市镇村的数量从 2000 年 3 月的 3229 个减少到 2010 年 3 月的 1727 个"②，社区的社会教育功能受到强烈冲击，社会教育行政机构出现萎缩和解体趋势。与此同时，受人力资本理念的影响，继续教育和终身教育发展改革的一个重要取向是市场化。除了行政影响的因素之外，市场化的发展趋势在日本所颁布的《终身学习振兴法》中也得到肯定，这在一定程度上更是助推了继续教育和终身学习市场化的发展，其中两项规定尤其突出，一是

---

① MEXT. National Report on the Development and State of the Art of Adult Learning and Education [R]. 2009.

② ［日］内田纯一：《地域社会教育の展》，《学习型社会建设国际研讨会论文集》，2011 年，第 159 页。

规定私有企事业单位可以通过直接拨款的形式举办或参与终身学习事业，政府可以通过减税等方式对其实施奖励；二是负责市场管理的通商产业省可以直接举办或参与终身学习活动。该法还特别强调要"在国家主导下推进都道府县的终身学习体制整备及各民间团体的参与，以实现其市场化"①。从世界主要发达国家当时继续教育发展的状况来看，虽然其他几个国家也推进继续教育市场化，但是通过立法的方式促进继续教育市场化，日本还是第一个，这在一定程度上也加速了日本继续教育市场化的进程。在新的体制和环境下，日本政府主要通过宏观调控、激励评估等手段，推进公民个人、私营组织、非营利组织等利益相关者保持一致，更多的财团和社会组织乃至公民个人通过契约的方式共同参与或经营继续教育事业，市场力量和民间力量快速壮大，市场化理念深入人心，在继续教育事业发展中，更加注重高效、竞争和自由，市民的自主选择性增强。"这种发展模式通过契约形式的共同经营，密切市场和市民的关系，使权力集中于地域社会和第三部门这样横向的相互合作"②，因而市民参加、权力共享是其核心特征。市场化机制的建立在一定程度上刺激了日本继续教育和终身学习事业的发展，在这种模式下，教育的公平公正原则逐渐被激烈的竞争所替代，学习者的个人财富和消费能力成为决定其接受哪一种教育形式和教育内容的主要因素，终身学习体系的构建不再受到政府的严格控制，而是可以按照学习者自身的要求进行调整。但是，也有很多学者对这种市场化机制对教育公益性原则所造成的影响提出了质疑。

90 年代之后，日本推进终身学习主体多元化，这在一定程度上也推进了继续教育的市场化进程。进入 21 世纪，日本为了促进经济增长，加大了地域主体性力度，倡导更加自由化、多样化、市场化的改革模式，推进自治体的合作互助，社会居民日益成为社会发展的主体。终身学习的发展呈现出一些新的特点，"越来越重视社会的需求，特别是在急速推进地方自治的背

① 社会教育推进全国协议会编：《社会教育・生涯学习 ハンドブック》，エイデル研究所 2007 年，第 170—172 页。

② 日本社会教育学会 ：《 代教育改革と社会教育》， 洋馆出版社 2004 年版，第 103 页。

景下，这一社会的需要自然就转化为所在自治体的需要，并促使日本终身学习推进主体出现了从官到民的多元化态势"①。一是各种非营利组织开始成为推进终身学习的主体，他们积极开展各种终身学习活动，涉及学术、文化、艺术、体育等诸多领域，他们的加入进一步丰富了继续教育市场的主体。二是社区居民开始成为推进终身教育的主体，他们根据社区居民的自我需求设定学习的内容，自我选择学习的方式，个体既是继续教育市场的消费者，也是提供者，促进了继续教育市场机制的进一步完善和多样化。

（三）激励机制

经过近半个多世纪的发展，日本的终身学习事业取得了长足的进展，整个社会的学习氛围日益浓厚，通过学习而实现发展成为社会、政府、企业乃至个人的共识。在推进终身教育事业发展的进程中，日本政府与社会通过多种方式激发社会团体、企业和个人参与终身学习，这些措施主要包括对相关团体和组织在税收的优惠、积极推进志愿服务活动以及通过终身学习文化节创造良好的精神氛围。

为了激励更多的组织和个人参与终身教育和终身学习，日本在税收减免上给予了很大的支持。日本积极鼓励社会组织参与终身学习，对于那些主动提供终身学习设施的社会组织，政府会以减免税收或其他政策倾斜的形式进行扶持，这就调动了很多社会组织的积极性，他们更愿意开放组织的公共教育或学习设施，也就为公民提供了更多的学习资源和学习机会。政府对于那些提供终身教育或学习的团体也给予税收的大力支持，如对作为公共法人和公益法人的终身教育团体，可以免除所得税，终身教育团体在关税、居民税、固定资产税、城市规划税等方面也享受税制上的优惠。此外，对捐赠、

---

① 王国辉、杨红：《从官到民：日本终身学习推进主体的多元化态势》，《教育科学》2014 年第 2 期。

遗赠给终身教育团体及设施的资金也免除赠予税和遗产税。日本的《终身学习振兴法》中，对上述政策做出了明确规定，提出在终身教育活动中做出贡献的民间组织事业者，可以享受税收方面的优惠。这些税制优惠措施充分调动了社会团体和组织参与终身学习的意愿，也有力地提升了民间参与终身学习事业的积极性。

对于企业的培训和技术的发展，日本也制定了一些非常有效的税收激励措施。比如在 2005 年，日本专门为人力资本投资设立了一种新的税制，公司所开展的员工培训就能够享受到这种优惠政策。在这一新的制度中，允许企业从缴纳的公司税中扣除培训费用的数额，且规定上限为公司税的 10%，这对于公司投资员工培训起到了很大的激励作用。①

为了激励更多的人参与终身学习活动、支持终身学习事业，日本还大力提倡终身学习志愿服务精神。他们将志愿服务活动也作为终身学习的一种类型，认为志愿服务活动本身就是一种自我开发、自我发展、自我成熟的一个活动，也是自我学习的一个过程。从 1989 年开始的日本终身学习文化节，也是日本倡导终身学习文化氛围的一个重要载体。在日本，文部省每年在一个地方与当地政府共同举办一次终身学习文化节，已经成为日本终身学习建设的一个品牌。终身学习文化节通过各种各样的学习方式倡导学习的乐趣和学习的收获，为举办地推介各种信息，介绍终身学习的经验，多方式推动地方终身学习事业的发展。在文部省的影响和带动下，各地方政府也举办了各种类型的终身学习文化节活动。

（四）保障机制

日本成人继续教育总体上有着较高的质量，人力资源得到有效的开发，

---

① 张兴祥、邱锦秀：《国外促进培训和技术发展的税收优惠政策——以日本、新加坡、韩国为例》，《涉外税务》2012 年第 6 期。

教育和学习给更多的成人带来了向上发展的机会，公民的生活质量也在教育与学习中得到提升。在丰富的办学实践中，日本高度重视继续教育的质量保障，多途径构建质量保障体系。其中，继续教育指导人员的建设、继续教育师资的培养、及时的信息情报服务和多主体网络平台的建立，成为日本继续教育质量保障的几大关键要素。

专业指导人员是日本开展继续与终身教育的重要参与者，他们的主要任务是启发成人学习的热情，为成人学习创造适宜的条件，帮助成人学习取得好的效果，实际上起到了一个成人学习促进者、指导者和帮助者的角色。日本的终身教育指导人员大多来源于原来从事社会教育的人士，他们一般就有比较丰富的社会教育工作经验，经过学习后很容易成为一个好的终身教育指导人员。日本的终身教育指导人员有行政职员和民间指导人员两大类别，随着参与终身学习的人越来越多，有越来越多的民间人士开始担当起指导人员的角色。在实际工作中，对终身教育指导人员有着很高的要求，例如他们作为成人的学习帮助者，应该具有较强的组织协调和沟通的能力，并要善于同成人打交道。为此，这些指导人员一般都要经过严格的训练才能适应岗位的要求，才能为成人终身学习提供科学的指导。

在成人参与继续教育的过程中，教师起着关键性作用。日本对从事成人继续教育的教师有着较高的标准，特别注重教师的专业化发展。从事成人职业教育的教师首先要取得双师证，否则不能上岗。其次成人教育教师经常参加培训和研修，以使自己的知识不断更新，这样才能更好地教授成人学生。再次是对新任成人教育的教师的岗前培训和实习有严格的规定，其中成人高校新任教师的实习从原来的半年延长为一年，使他们更好地掌握教学能力。

有效的成人学习还需要及时的信息情报服务。文部省积极支持地区学习中心的建设，不但在基础设施和技术上给予了较大的支持，而且还资助地方教育部门建立情报信息网络。地方教育部门通过情报信息网络，可以为成人学习提供更好的学习信息服务，对他们的学习非常有帮助。信息网所提供的信息非常广泛，比如涉及到具体的学习活动和计划的信息，各类教育、文化和运动设施的信息，有关教育与学习组织的信息，还有成人教育专家和教师的信息等，学生能够及时掌握这些充足的信息，会及时作出学习计划和学习资源以及学习途径的选择，对学生自主学习能力的培养非常重要，而这种自我学习能力恰好是终身学习能力的核心。

随着近年来日本终身学习推进主体多元化的形成，各个不同的主体越来越重视相互之间的合作，他们通过协同的方式，发挥各自的优势，逐渐搭建起一个有助于终身学习的网络平台，为终身学习者提供更多的资源、信息和机会。由此，行政部门、大学组织、非政府组织、企业等各个相关的终身教育主体实现了有机的合作，通过合作网络平台满足成人学习者日益多样化、高度化、专业化的学习需求。网络平台的建设还有利于促进社区学习基础的构建，也能够实现主体之间联合解决社区问题等。

（五）沟通机制

现代教育发展的一个重要趋势是搭建各类学习之间互联互通的"立交桥"，通过立交桥的建立最终构建灵活开放的终身教育体系。日本在实现这一目标的过程中，将构建一个科学合理的终身学习认证制度作为其中的一个重要基础，以期实现不同类型学习成果的互认和衔接。这种评价认证机制，可以改变传统上注重学历、单一偏向学历的评价方式，激励社会成员持续开展终身学习活动。

日本在构建终身教育"立交桥"的进程中，从20世纪90年代以来探索综合采用多种方式认定社会成员的学习成果。在1990年中央教育审议会发布的《关于终身学习的基础整备》的报告中，就极力倡导构建客观的、多元化的学习成果评价认定系统，让人们感受到学习的收获，认为这一举措必将能够激励国民参加各种学习活动。同时，该报告还创造性提出再建立一个终身学习成果与学校学分的转换系统，这一倡议显然能够进一步促进校内与校外学习成果的沟通与衔接。不仅如此，这一报告还倡议应该在已有各种公共资格的基础上研发新的评价方式。该报告所提出的这一制度创新具有重要的实践价值，它首先从学习结果的视角考虑问题，突出了学习者在实际的学习中所学到的知识和所掌握的技能，不能简单地看所获得的途径或学习的场所。通过这种整合，人们通过继续教育中正规的或非正式的学习途径的学习结果，也可以纳入到新的系统之中，从而构建一个开放灵活的教育培训体系。这个体系，可以多途径满足人们的学习需求，大学也可以借鉴这种做法进行终身学习成果的认定。随后，在1991年《关于应对新时代的教育诸制度的改革》报告中，强调要解决学校教育存在的突出问题，必须加强社会各种教育学习体系之间的通力合作，要建立一个学习社会，使人们能够在一生中的任何时候都可以自由地选择学习机会，无论通过何种途径取得的学习结果，社会都应予以认可。这一倡议也产生了重要影响，例如公民参加的志愿活动通过认定也作为了终身学习的重要成果，可以在入学考试、政府机关和企业录用人才时参考。这在继续教育和终身教育发展中具有开创性意义和价值。为了促进学习方式的多样化，满足国民因终身学习意识提高而产生的学习需求，日本中央教育审议会在2005年又进一步完善了科目履修生和旁听生学习课程形态。进一步改进了学习成果的证明方式，如果科目履修生并没有学完全部的科目，对于他已经修完的科目，也可以单独出具证明以认证其学习的效果，这种认证不能用于学位的授予，但却可以在其他的评价方式中应用。这一改革，使人们在非传统环境中获得的学习结果得到了认可，并可以逐渐纳入到正规的教育与培训系统之中，在很大程度上促进了正规、非正规和非正式学习之间的有机融合。

近年来，在日本推行的学习成果评价制度和应用机制主要有以下几种类型：一是文部省的认定技能审查。这种审查由文部省的部长把关，主要是对社会民间团体所开展的针对青少年、成人所学知识水准进行的审查、证明的进一步审查和认证，经过文部省的审查之后，即可以得到结果的认证。二是学校的学分认定。主要是大学或高中组织的，他们要对学生在专修学校中的学习成果，或者对文部省认定的技能审查成果，进行进一步的学分认定。符合条件的就可以获得相应的学分。三是学校对有关学习成果承认其学分，对成人学习者的学习结果，学校自己可以组织评估认证。四是高中毕业程度认定考试。对于那些取得高中学历的成人，经过认证之后承认其学习结果，利用这种结果，就可以取得大学的入学资格考试，还可以用于就业。

在不断健全学分认证体系的基础上，日本积极构建全国范围互通的学习成果评价及认证系统。日本终身学习审议会在 1999 年提出了"新的框架"的政策主张。主要通过两个方面的政策创新实现"新的框架"的建构，进而实现全国范围内学习成果的评价及认证。第一步是建立能够记录个人学习成果的档案袋，或称为个人终身学习护照、终身学习通行证、终身学习记录票。通过这种方式构建起具有日本特色的促进学习成果利用的终身学习通行证。终身学习通行证所记录的内容信息非常广泛，包括学习者个体的学历、技能、资格、经历、志愿行为等类似的基本条件、基本经历这些客观的个人信息，也包括一些主观的个人信息，如个体所进行的自我评价、自我记述，以及自己对未来的想法等，是一个人全面的学习信息和学习理想的完整记录。二是建立各种学习成果评价进行互换、转换、累加计算的标准，通过这一标准为各种不同类型学习成果之间的转换提供基本条件和框架，同时还要建立与认证相关的相谈、调查研究系统，以获得更加完整的资料和信息，增强学习结果认证的公正性和客观性。这种转换系统的构建，有效地保障了各地区的学习成果能够在全国范围内运用，推进了特定区域内的各种资格能够在全国范围内互通，也能够实现企业内部的各种资格在企业之间转换通用。

第七章　韩国继续教育管理体制机制

1948年，在朝鲜半岛南北先后成立了大韩民国和朝鲜民主主义人民共和国，韩国由此而生。从20世纪60年代起，韩国在采取军事独裁的同时，经济上实施"出口主导型"开发战略，依赖外资、外援、外债，进口原材料和技术，出口产品，实现了经济起步发展。70年代初始，全国开展"新村运动"，实现经济持续高速增长，人均国民生产总值从1962年的87美元增长到1996年的10548美元，创造了"汉江奇迹"，跻身亚洲"四小龙"行列，逐步建立了完善的市场经济制度，亚洲金融危机之后，进入经济中速增长阶段。韩国是世界上经济发展速度最快的国家之一，是继日本之后亚洲第二个发达国家，是20国集团和经合组织成员国之一，也是"未来11国"中唯一的发达国家。韩国有着发达的制造业、网络通讯与科技产业，高速互联网服务闻名世界，支柱产业包括钢铁、汽车、造船、电子、纺织等。韩国制造业作为经济主导产业，经历了60年代初至70年代初的劳动密集型产业，70年代初至80年代初的资本密集型重化工业，80年代初至90年代初的技术密集型产业和从90年代中期一直延续至今的知识密集型产业等多次结构转换与升级。韩国非常注重科学技术的发展，政府研发资金投入占GDP比重居OECD国家前列。韩国城市化发展速度很快，农业劳动力流失严重，是世界上人口密度最大的国家之一，人口出生率和生育率均居世界低位，人口老龄化问题严重，是OECD国家青壮年劳动力人口下降最快的国家。韩国总人口约5100万（截至2019年1月）。2018年，GDP总计1.655万亿美元，排名世界第11位；人均GDP为30919美元，排名世界第28位；人类发展指数为0.901（极高），排名世界第22位。

一、韩国继续教育发展的基本脉络与主要特点

（一）基本脉络

韩国自然资源匮乏，人多地少，"二战"之后还仅仅是个落后的农业国家，但在 60 年代之后实现了经济上的崛起与赶超，这是与其实施有效的人力资源开发战略密不可分的。"平生教育观"是最能体现韩国特色的教育思想与理念，他们尤其强调教育和科技对经济发展的重要作用，主张教育立国、科技立国。以此为引领，韩国注重终身教育体系的构建，在社会上形成了无人不学习、无时不学习、无处不学习的终身教育体系。继续教育作为这一体系中的主要构成部分，为韩国经济和社会快速发展提供了基础保障和强力支撑。在韩国现代化的进程中，很快实现了从传统农业国家向工业国家进而向知识经济社会的过渡，特别强调知识、信息及数据对于发展的重要性，也认识到韩国之所以在较短时间内实现大的变革，其中起关键作用的是知识与学习。为此，韩国一直积极倡导和推进学习型社会的建立，"韩国政府正努力借由鼓励全民成为终身学习者，以提升国家整体在全球化社会中的竞争力"[①]。

20 世纪 40—50 年代，光复初期的韩国政府开展了以改善识字能力、算数能力为主要内容的 10 年扫盲教育行动，推进了以失学民众为教育对象，专门实施韩文、算术和公民教育的公民训练学校建设，以及以农民和渔夫为主要对象，重在促进心智成长和改善社会环境为主题的社会启蒙教育运动，使得未接受过正规教育的成年人接受继续教育，国民教育实现了较快发展，文盲率从 1945 年时期的 78% 下降到 1958 年末的 4.1% 12 岁以上人口。

---

① 　[韩] 齐永花:《韩国终身教育的发展与实务运作》,《成人教育》2009 年第 3 期。

从 60—70 年代，韩国制定了外向型经济发展战略，大力开发教育人力资源。一方面，在城市化、工业化进程中开始重视产业工人的技能训练和失学成人的回流教育，比如政府为了加强企业的培训职能，立法规定只要公司员工超过 300 人，就必须在企业内部设立教育训练中心；另一方面，由中央政府主导并推动了著名的、影响深远的"新村运动"，其中以提升农民素质、推进农村城镇化进程为主要目标的"乡村教育运动"蓬勃开展。乡村教育运动"重点在于提高农民热爱家乡的积极性和改变家乡与生活环境的精神，进行移风易俗教育、科学经营农业的教育，这些教育对整体提高农民的素质起到了重要作用。"[1] 也正因为如此，有学者认为新村运动在本质上是一场教育运动，认为它重新塑造了韩国国民的意识构造和精神风貌。[2] 与此同时，终身教育思想在这一时期对韩国成人继续教育的政策产生了重要影响，韩国的广播函授大学、开放大学都是在这一时期出现的高等继续教育机构，中等教育中还出现了放送高中，韩国的远距离教育由此开始兴起，各种承担终身教育角色的民间团体和非政府组织开始出现，社会大众持续学习、继续学习的机会不断增加。

1982 年，韩国政府颁布了《社会教育法》，这部法律特别强调要为全体国民提供一生的社会教育机会，通过社会教育来提高国民的素质，从而达到为社会和国家做贡献的目的。可以说，这一时期韩国的社会教育发挥着成人教育和继续教育的功能。80 年代末，韩国新宪法明确提出政府应该推广终身教育，社会民众对继续教育给予了更高的重视。20 世纪八九十年代韩国的继续与成人教育发生了重大变化，成人继续教育多元化趋势越来越明显，更多的大专院校和公司以及社会团体加入，教育形态和组织模式日益多样，成人参与继续教育的机会明显增加，继续教育的层次得到提升。为了帮助在职人员更新知识、提升能力，在继续教育领域开展了越来越多的高层次研修项目；而为了进一步提升国民生活质量，满足高层次的精神需求，在成人教

---

① 孙启林：《韩国的农村教育和"新村运动"》，《农村教育与农村发展高端论文集》，2008 年。

② 张德强：《论韩国新村运动的教育本质》，《比较教育研究》2007 年第 9 期。

育的内容选择上更加侧重国民素养的养成。也正是这一时期，韩国开始积极倡导"平生教育"的社会理念，创建了"平生教育院"这样一种独具韩国特色的终身教育机构。伴随着人力资本理念的深入传播，企业越来越重视知识和人才的价值，企业教育和培训也得到了进一步加强。与此同时，政府也开始关注那些社会弱势群体的生存能力，开始出台相关政策优先帮助那些收入低、学历低、技术水平低的人提高技能，并专门规定企业必须为每月工资低于 1000 韩元的工人向政府缴纳他们工资的 5% 作为培训基金。1995 年，韩国跻身发达国家俱乐部，成为世界经合组织 32 个会员国之一。在国家发展战略上，韩国进一步提出了建设世界强国的国际化战略，在教育改革中宣布要将韩国建成开放学习的社会，出台了学分银行制、拓展实施远距离教育、增加妇女及老人再训练的机会等一系列策略。

21 世纪以来，韩国对教育的认识又有了新的提升，认为成功的教育是社会最高的价值，并致力于以教育的方式投资人力资本，使韩国通过学习努力成为世界上强力的竞争者。韩国在积极推进以继续教育为主体的终身教育方面采取了一系列新举措，比如对《终身教育法》进行了重新修订，在地方行政单位设立终身学习馆以推广终身学习课程，创建终身教育振兴院，推动终身学习城市建设，推行自学学位考试制度等，更加注重整合各类教育和学习资源，更加重视建立多样化的终身教育机构，更加注重增加社会弱势群体接受教育的机会，成为国际范围内推动全民终身学习和学习型社会建设的新典范。

（二）主要特点

一是大力普及终身教育思想。终身教育思想在西方出现之后，很快在韩国就得到了回应。韩国通过组织研讨会、出版有关杂志等大力推广和普及终身教育思想。人们在较短的时间内接受和认同了终身教育思想的基本内涵，并将其作为建设开放终身学习社会的思想基础，通过各种方式让民众认识终身学习、理解终身学习并接受终身学习思想。这也是成人继续教育得以发展的重要思想基础。

二是积极构建终身教育体系。韩国的社会发展明显受到了终身教育思想、终身学习理念和学习型社会理论的启发，并将这些理念贯彻到社会发展战略和相关政策之中。在实践探索中，他们倡导建设一个"不管谁，不管什么时候，不管在哪里，不管想学什么，不管以什么方式学，只要你想学，你总可以学，总能学得好的学习社会"①。时任总统金泳三在 1995 年召开的全国教育者大会上提出要从教育改革开始，推进韩国"世界化"，进而使韩国成为主导 21 世纪的世界中心国家。同时，还提出了韩国"新教育构想"的十大课题，其中第一大课题就是建设一个人人终身都可以进行学习的社会。经过持续建设和努力，"韩国建立起比较系统的终身教育体系，具有完善的法律制度、健全的运营机制、完备的终身教育设施以及产学结合的运营模式。"②

三是注重扩大终身学习机会。韩国社会特别注重和强调的一个理念是所有国民享有均等的终身教育机会。参与终身教育的理由在不同的人生时期有着不同的目的，要围绕不同时期人的发展的需要为他们提供所需的教育资源，不论是青少年时期，还是在成人的前期、中期乃至后期，都要把握他们学习的愿望并为他们创造机会。近年来，韩国还特别加大了对社会弱势群体提供终身学习机会的力度，比如那些老人、妇女和低收入的人群，他们都有着强烈的学习愿望，但往往缺乏学习的机会。可以看出，韩国越来越注重实施面向全员、实施全程的终身教育，尤其关注社会弱势群体接受教育的机会，2001 年推动"弱势群体终身教育方案支援计划"，更多的低学历者、身心障碍者、低收入人群、老年人等有了更多参与终身学习的机会。

四是广泛开展内容丰富的终身教育活动。韩国继续教育和终身教育的内

---

① 李立绪：《韩国成人教育述评》，《中国成人教育》2005 年第 10 期。

② 于亦璇：《韩国终身教育发展研究及对我国构建学习型社会的启示》，2019 年第 23 期。

容更加关注成人个体的学习需求，灵活设置课程和内容，大部分成人教育机构根据职业群分析法和职务分析法来开发课程，培训内容突出缺什么补什么，注重实用性，并且从低水平到高水平有序开展。老年教育的课程也十分丰富，涉及到文化修养、退休后生活、再就业教育、代际沟通，甚至死亡教育等。

五是发展建设终身学习城市。学习型城市最早出现在韩国，并对建设学习型城市给予了高度重视，充分认识到这一战略举措的重要性及紧迫性，将其看作全面应对全球挑战的重要策略。2001 年韩国开始全面推进终身学习城市计划，2001—2006 年五年期间，韩国终身学习城市数量迅速增加，总数达到 54 个。韩国终身学习城市的建立在世界范围内具有示范作用，顺应了急速的社会变迁，推动了"自治型地方"目标的建立，激发了公民的学习热情，大大地拓展了有效利用地方学习资源的渠道。

二、韩国继续教育管理体制

（一）组织领导

在中央政府行政管理层面，主管韩国全国社会教育和终身教育的组织机构近年来发生了比较大的变化，逐渐形成了强有力的行政管理体系。在行政体制建设上，为了实现建设开放学习社会和终身学习社会的政策愿景，1995年 5 月韩国实施《树立新教育体制的教育方案》，对韩国教育行政组织进行了大规模的改革，1996 年教育部下设的社会及国际教育局更名为终身教育局，开始由以学校为中心制定政策向以终身教育为中心制定教育政策转变。2001 年，作为韩国主管全国终身教育的行政机关正式更名为教育与人力资源发展部，整合了政府部门中的教育、培训、研究与发展、雇佣和社会保障等职能，并且提升了其行政规格，由一名副总理兼任该部部长，并从法律上确保了副总理审查和协调相关部门的权力，以利于统筹终身教育资源、协调相关部门政策、强化行政领导责任。韩国成立了包括14个中央部门部长在内的"人力资源发展部长委员会"。在法律上，明确界定了教育与人力资源发展部的终身教育功能，重点建设终身教育法律和制度基础，确保整体性、系统性。李明博就任总统后，又将教育与人力资源部和科学技术部合并，成立了教育科研部。目前，韩国教育科研部作为全国终身教育和继续教育的行政领导机关，在把握终身教育发展总方向、制定终身教育政策、提供资金支持等推进事业发展中发挥着主导作用。韩国政府全面实施"国家人力资源战略"，2000年颁布的韩国《人力资源发展法案》提出要定期修正"韩国国家人力资源发展战略"①。近年来，韩国着力推进国家科技转型和创业转型，先后出台了两个国家人力资源发展战略计划，并提出了"国家公民能力建设、促进社会信任与融合创造经济增长新源泉"的人力资源发展目标，要使韩国进入国际人力资源最具竞争力国家的前十位。韩国地方继续教育和终身教育的管理分别按层级由市、道行政单位和市、郡、区地方自治单位负责，并且赋予地方行政单位较大的管理权力和职责。按照法律的规定，地方政府每五年也要提出一次《终身教育振兴实施计划》。

为了统筹推进终身教育政策的落实，2007年韩国重新修订《终身教育法》，2008年2月15日成立的终身教育研究院，成为韩国至今终身教育体制中具有代表性和示范性的专责推进机构，也由此构建起韩国自上而下结构清晰的体制结构。一是在行政层次上形成了中央—市、道—市、郡、区三个级别；二是在机构形式上形成了行政管理机构、审议协议机构、专责推动机构三种类型。三级推进体系框架的形成，构建了从中央到地方相互合作的发展格局，有效地促进了韩国终身学习理念的深入开展，公民行使终身教育的

---

① Jang-Ho Kim.NEW PARADIGM OF HUMAN RESOURCES DEVELOPMENT—Government Initiatives for Economic Growth and Social Integration in Korea[pdf].KRIVET.2005: 50-51.

权利得到了充分保障，而这种"自上而下"和"自下而上"相结合的推进框架成为韩国推进终身教育的有益经验。

为了落实和督导国家及地方终身教育政策，韩国在不同时期所建立的不同层次的审议机构、研究咨询机构发挥了重要的作用。比如全国性的终身教育审议机构——终身教育振兴委员会。再如国家级教育研究单位——韩国教育发展协会，从 2005 年开始承担部分终身教育职责，涉及执行重要研究计划，分析终身教育议题并提出重要的政策建议，加强终身教育专业化建设等。该协会在部门的设立上有包含高等教育和终身教育在内的人力资源政策研究部。在市、道一级设有由 20 名终身教育专家和管理者组成，由市、道知事担任议长的终身教育协议会，在市、郡、区一级设有由 12 名专家和管理者组成，由市长、郡守或区厅长担任议长的终身教育协议会。

从中央到地方三级专责终身教育机构的设立，是韩国继续教育和终身教育组织体制的重要制度创新，在中央层面，主要表现在"终身教育振兴院"的设立和运行，在市、道层面表现为市、道终身教育振兴院的设立和运行，在市、郡、区层面则主要体现在终身学习馆的设立和运行。

终身教育振兴院的创建是韩国继续教育与终身教育领域体制建设的一大亮点，它是在中央层面负责专门推进终身教育的研究和管理机构，整合了之前国家终身教育中心、学分银行中心和开放大学独立学位测验单位（自学学位考试院）三个独立运作的机构而成立的。终身教育振兴院直属韩国教育科学技术部领导，其基本职能是全面负责统筹规划和综合管理正规学校以外所有的终身教育和学习活动。终身教育振兴院首任院长在开院致辞中特别阐述了其意义和价值，认为当今的世界是知识信息的时代，建设具有创造力的学习强国必须要有终身教育振兴院这样一个总的机构来推进实现。它能够为人们提供多种学习机会，使得人们无论何时何地都可以学习，并认为这一机构能够更好地推进韩国成为终身学习型社会。为此，有研究认为，"终身教育振兴院的成立和运行，使得韩国在终身教育研究与实施方面的沟通更加顺畅，韩国终身教育振兴院可以称得上是韩国终身教育体制的枢纽"①。另外，韩国在市、道行政层面设立了市、道终身教育振兴院，在市、郡、区层面设立终身学习馆。

（二）办学体制

韩国发展成人继续教育的目的和理念，是给一切可能的人提供合适的教育和培训。发展至今，韩国的继续教育和终身教育体系已经形成一个几乎无处不在的网络系统②。在成人与继续教育的办学体制中，不仅政府、企业是重要的举办者，大学、职业院校、各种民间组织也都积极参与办学，举办继续教育、发展终身教育成为全社会的责任。

社会教育设施。社会教育一直是韩国成人继续教育的主体内容之一。这一领域，主要包括三种形式。一是一般性的社会教育设施。这种设施所开展的社会教育主要面向社会所有大众，尤其是那些既不在岗也不在学的成年人，他们有着相对宽松、充足的学习时间，学习的内容也丰富多样。政府和很多社会组织一般为这种教育设施提供基本的运营经费，并对学员实施免费教育。实践证明，此类教育方式尤其对社会闲散人员适应社会的快速发展、提高心理健康水平等具有重要作用，甚至对减少犯罪率起到了相当作用③。二是综合性社会教育设施。这类教育设施的运营经费一般是由各大媒体等社会机构提供，有时候也会向学员收取一定的费用，教育的对象也是面向全社会，主要提供职业教育、研修教育等，会根据学员的不同需求提供丰富多样的课程。主要的组织类型包括综合性社会教育馆、社会教育研修院、社会教育文化中心，以及图书馆、博物馆等。三是学校形式的社会教育设施。这类设施主要为那些家庭境遇不好、过早走出校门踏入社会的青少年提供教育，

---

① ［韩］奇永花、张蕊、吕文娟：《韩国终身教育的中枢机构》，《终身教育》2010 年第 6 期。

② 李立绪：《韩国成人教育述评》，《中国成人教育》2005 年第 10 期。

③ 李立绪：《韩国成人教育述评》，《中国成人教育》2005 年第 10 期。

这类学员中很多人是在职从业人员，学校会根据他们的情况灵活安排时间，甚至是在晚上上课。这类机构一般实施免费教育，其办学经费主要来自于政府资助以及民间团体和志愿者的捐助。

学校教育系统。韩国非常重视发挥学校教育系统在发展终身教育和继续教育中的重要作用，比如中小学利用周末或晚上开设的母亲教室、老人教室，各大学建立的终身教育院等都为继续教育的发展提供了良好的平台，此外，数量众多的公务员学院也是开展继续教育与培训的重要主体。

韩国的普通高校是继续教育的积极参与者。以梨花女子大学为代表，韩国很多大学都设有专门的终身教育院，面向社会开展社会教育服务，社会成员可以根据自己的需求选择终身教育院的相关课程进行学习。专科学校也是开展继续教育尤其是员工培训的重要机构。这种机构一般是进行 2—3 年的职业教育，目的是培养技术员、中等水平技术专家。所设专业主要涉及工程学、农学、商学和护理等领域。专科职业教育体系主要有订单式教育、产业委任教育和提供学士学位的集中课程三种典型的教育模式。在产业委任教育模式中，企业通过职业专科学校为它们的员工提供继续教育和培训，员工们可以根据他们所从事的工作和兴趣选择相关领域学习。

和其他发达国家类似，韩国的广播和函授大学、开放大学、企业大学在成人继续教育领域也发挥着各自的功能。广播和函授大学面向广大社会成员开放，一般通过申请即可入学，学习的年限也比较宽松，最长可以延长到 10 年，考试合格者还可以申请学士学位，极大地增加了公民接受高等教育的机会。韩国的开放大学则优先考虑那些拥有相应技术资格的成人及已经接受高中职业教育的毕业生，采取学分制管理模式，授课方式非常灵活，深受学员喜爱。韩国的企业大学在世界上也很知名，像三星电子、韩国通信等著名企业都办有自己的企业大学，有的企业大学会采用校企联合的方式办学，甚至还会设置硕士课程和博士课程，以有效满足高层次人才培训的需求。

（三）法律制度

韩国政府对成人继续教育立法给予了高度重视，积极推进继续教育和终身教育制度化、法制化，通过一系列教育立法保障继续教育、终身教育的迅速、健康发展，成为继美国和日本之后世界上第三个专门为终身教育立法的国家。

韩国有关成人与继续教育、终身教育的法律法规有着充分的宪法依据。韩国宪法作为国家的根本大法，对公民的终身教育与学习权利给予了充分保障，这一做法在世界范围内也具有示范作用。早在 1980 年颁布实施的韩国《第五共和新宪法》中就首次提出了终身教育的理念，这成为后来各项政策法规的法源基础和指导原则。在国家宪法保障的基础上，韩国陆续颁布了《社会教育法》《产业教育振兴法》《职业训练法》《职业训练促进基本法》《科学教育法》《短期产业教育机构管理规定》《示范农业高中建立规定》《专门大学建立基准》《开放大学建立基准》等一系列法律法规。

1982 年颁布的《社会教育法》成为 20 世纪八九十年代促进韩国社会教育和终身教育发展的基本保障。90 年代的韩国终身教育立法又有了新发展，为更多人提供了继续学习的机会，也同时满足了他们获得学位的迫切需要，进一步推动了社会教育向终身教育发展。此外，1992 年修订颁布的《韩国教育法》中也充分体现和贯彻了终身教育的思想理念。

1996 年韩国在新的教育改革方案中，提出了将《社会教育法》改为《终身学习法》的建议，以适应日益国际化、学习化社会的发展趋势。1999 年 8 月，韩国正式颁布了《终身教育法》，成为韩国《教育基本法》之下同《初等教育法》《高等教育法》相并列的专门法，使韩国也由此成为世界上第三个专门为终身教育立法的国家。韩国的《终身教育法》从法律层面对终身教育的运营和实施作出了较为全面的规范和保障，对推动韩国继续教育和终身教育的开展发挥了非常重要的作用。为此，有学者认为，"《终身教育法》的制定是韩国政府发展终身教育最具体也最具代表性的努力作为"①。

韩国《终身教育法》通过 5 章 32 条的内容，对总则、国家及地方自治团体的任务、终身教育设施等方面的内容作出了规定。在总则中明确提出：终身教育是学校教育以外的所有组织的教育活动，并强调终身教育理念；所有国民享有均等的终身教育机会；终身教育以学习者的自由参与和自发学习为基础；终身教育不能以政治和个人偏见的宣传为目的；对完成一定终身教育课程者赋予相应的社会待遇。该法具有鲜明的韩国特色，与已有的美国和日本的终身教育法律有着很多的不同，被认为是目前世界上最富创新意义的终身教育实体法。

为了适应不断变化的人口老龄化、全球化、地方化等社会发展需要，韩国近年来对《终身教育法》进行了多次修订和完善，使其更加适合韩国国情和民众需要，韩国继续教育和终身教育立法体系也不断健全完善。2007 年修订、2008 年施行的《终身教育法》使得关于终身教育的相关规定更加具体与完善，使中央与地方的职责与权限更加清晰，更有利于调动地方的积极性。在此以其中四处亮点加以说明。一是进一步明确了终身教育的领域，更加突出了教育福祉的观点。二是强化了国家及地方自治体振兴终身学习的义务，在中央层面明文规定教育科学技术部每 5 年必须制定终身教育振兴基本计划，在市道地方层面必须制定相应的振兴终身教育的基本计划及各年度计划。三是重组终身教育支援体制，决定采用三级推动体制。四是明确规定了终身教育专职人员——"终身教育师"的培养与培训机制，直接促进了终身教育工作者的专业化水平。2008 年以后，韩国又陆续对《终身教育法》进行修订和完善。2014 年的修订中增加了行政末端单位设置"终身学习中心"的相关规定，对"文解教育"进行新的定位。总的来看，"韩国《终身教育法》作为一部较为完整且具当代理念并颇具可操作性的终身教育立法，充分体现了韩国社会对于终身教育发展模式的思考，其先进经验与立法创想也将为其

①　[韩] 奇永花：《韩国终身教育的发展与实务运作》，《成人教育》2009 年第 3 期。

他国家所学习与借鉴"①。

三、韩国继续教育管理机制

（一）投入机制

随着韩国政府对终身教育重要性认识的提升，尤其是上个世纪末以来，更加强化人才和培训对国家竞争力的关键作用，政府及社会高度重视并不断加大对成人继续教育的经费投入。

韩国中央及地方政府对终身教育发展给予了极大的财政支持，充足的经费投入为成人继续教育的发展提供了有力支撑。韩国不断完善法律制度和支持，在《终身教育法》修订之后，进一步完善了资助发展的相关制度，所采取的一个重要举措就是开展继续教育发展支援计划。在有力的制度保障下，成人继续教育和终身教育经费不仅总量逐年增长，而且占韩国总教育经费的比例也逐年上升，从 2007 年的 6% 增长到 2012 年的 21%。近几年来，尽管面对日益严峻的财政危机，但政府对继续教育和终身学习的财政投入仍然十分充足。

韩国政府在保障基本财政投入的基础上，还会通过专项计划或项目的方式集中或重点加大投入力度。例如，韩国通过颁布全国性终身学习计划的方式，有计划地加强对终身教育的整体性投入。2001 年实施了全国第一个终身学习促进计划，2007 年实施第二个全国性终身学习计划。在第二个计划期间的财政预算达到 2259 亿韩元，比第一个促进计划时期的财政投入明显增加。从 2001 年开始实施的终身学习城市计划，也是一个综合性的终身教

---

① 黄欣：《终身教育立法：国际视野与本体行动》，《教育发展研究》2010 年第 5 期。

育发展计划，政府为此给予了较大的财政支持。在 2001 年刚开始推动终身学习城市计划时期，韩国中央政府给予每个终身学习城市 2 亿元的启动经费补助，之后资助经费不断增长，到 2007 年时每个城市每年 2 亿元并连续补助 3 年。2007 年、2008 年终身学习城市的经费投入分别为 63 亿韩元、81 亿韩元。自 2006 年开始实施的成人识字教育支援计划，是韩国政府针对国民基础识字能力调查的结果，并认为在韩国还有很大一部分人口需要接受识字和基础教育，为此专门提这样一个专项支持计划，以期为低学历的成人提供二次受教育机会。"自实施成人识字教育支援计划以来，政府补助款与参加人数皆逐年增加，在 2006—2009 年的 4 年间接受补助的基层地方政府的数量呈倍增趋势，4 年间学习者的人数总计达 8 万人左右"①。另一个有代表性的专项支持计划是终身学习中心大学建设计划。2010 年以来，韩国政府致力于构建适合于大学和地区社会条件的大学终身学习体制。2014 年发布的《以终身学习为中心的大学建设计划》，提出要建立提供成人继续教育和能力开发机会的"成人亲化型开放大学"。在这一专项计划中，韩国政府当年决定投入 102 亿韩元，并从 2015 年 4 月开始的约 1 年时间，就向 65 所学校投入了 131 亿韩元。此外，韩国地方自治体积极投资建设终身学习院等基础设施。

（二）市场机制

伴随着韩国经济社会的快速发展，已经构建了比较完善的市场经济体系，市场机制在继续教育领域也发挥了重要作用。韩国的继续教育、成人教育具有较强的人力资本投资色彩，市场化运行机制为满足社会的多元教育需求提供了充分可能性。人们可以根据自己在升学、求职、晋升等方面的需求主动选择继续教育的施教机构，构建了比较系统化的继续教育市场运行

---

① ［韩］李正连、王国辉：《终身教育法修正后韩国终身教育振兴政策的动向及特征》，《现代远程教育研究》2014 年第 1 期。

机制。

韩国成人职业培训具有典型的市场化特征。培训工作的开展始终坚持与市场需求、市场变化结合起来，实现需求与供给的协调，这样才能实现市场的良性运作。从韩国经济发展的历程来看，培训工作的发展是和特定阶段经济发展对人才的需求相契合的。无论是在 20 世纪 60 年代为那些受教育程度不高的人开展培训，还是在 70 年代围绕经济转型而大力开展企业技术培训，抑或是到了 80 年代对具有高等教育水平的技术员和工程师的培训，都呈现出了这样的特点。

培训券制度是韩国继续教育市场化的典型表现。[①] 培训券制度的核心机制是竞争机制，通过培训券，实际上是赋予了接受培训的主体更多的选择权，他们可以根据自己的需求选择自己喜欢的培训机构，从而实现社会培训的多元化、个性化和特色化。韩国农林部在 2005 年的时候将这种制度引进到农民的教育培训中来，使农民在参加培训的过程中有了更多的个人意愿。培训机构为了得到农民手中的培训券，就必须从农民的真实培训需求出发来设计教育的内容，并为他们提供良好的服务，以使农民愿意参加某种培训。培训券制度是一种典型的市场化运作机制，它更注重培训的效果，同时也提高了政府培训资金的使用效率和效益。

与市场机制密切相关的是韩国继续教育和终身教育发展中社会机制的建立，尤其是居民和社会团体作为重要的社会力量积极参与进来。在韩国所建立的新的行政体制中，地方政府有了更大的管理自主权，在市场化取向下，更多的企业、社会组织有了更多参与终身教育的机会。主要表现在：一是非营利组织积极参与终身学习；二是各种居民自治组织的出现和发挥作用，如终身教育基础设施中出现的学习灯塔、居民自治中心以及图书馆和平生学习中心等；三是较为广泛的居民参与，例如 2006 年实施的成人"文解教育"支援项目运营方向就是由政府工作人员、文解教育学者、实践工作者

---

① 水山：《农民教育方式：韩国采用培训券教育制度》，《经济日报》2005 年 5 月 30 日。

和 NGO 的代表组成的"文解教育审查委员会"决定的。①

（三）激励机制

韩国坚持平生教育观，积极构建一个公平的终身学习社会，力争让每一个人都有充分的学习机会，都能够享受到充足的教育资源。为了达到这一目标，韩国采取了一系列富有成效的激励措施。这些措施主要围绕着三个方面来进行，一是针对所有的成人学习者，为他们积极创造良好的机会，提供更优质的教育资源；二是针对那些社会的弱势群体，帮助他们解决学习的障碍，让他们也有机会和条件参与到学习中来；三是针对社会的各种培训所采取的激励措施，使他们有提供更良好服务的积极性。

韩国的《终身教育法》所提出的"学习休假制度"，为更多的成人从业者提供了更多的时间和机会。根据规定如果企业中的员工符合一定的条件，就可以享受带薪休假的待遇，就可以享有固定的学习时间，而并不必为此受到经济上的损失。这一措施大大地激发了在职成人的学习热情。

韩国的《终身教育法》还提出要实施"学习费用援助制度"，用来帮助那些经济上生活困难的公民接受终身教育。为此，韩国出台了一系列以需求者为中心的终身教育政策。② 在韩国，尽管政府在积极为所有的人创造终身学习的机会，但是那些社会弱势群体更应优先得到资助和帮助。为此，韩国政府专门针对那些残疾人、低收入阶层、文盲、老年人以及妇女等提供终身学习项目，并在资金上给予优先资助，希望他们能够通过继续教育改变现状。这种形式的终身教育，提升了弱势群体参与学习的内在愿望；这种途径，强化了继续教育的公共性和公益性，缩小了各阶层、学历、年龄之间的差别，促进了社会的团结与和谐。很多职业基础能力差的员工，甚至失业人

---

① 马丽华、刘静、[韩]李正连：《韩国"自上而下"和"自下而上"相结合的终身教育推展框架及思考》，《外国教育研究》2018 年第 11 期。
② 王智勇：《论韩国终身教育管理的运行机制及其启示》，鲁东大学 2012 年硕士论文。

员通过参加继续教育，又重新在工作岗位上找到自信。

如前所述，韩国针对弱势群体的继续教育取得了良好的成效。在这里分别以成人扫盲教育和老龄人教育为例做进一步的说明。为了帮助那些学历水平低的成人普及基础知识，韩国在 2006 年开始推行支持成人扫盲教育的政策，政府先后投资 16 亿韩元用于成人扫盲计划，资助了 178 家扫盲教育机构，涉及正规学校、夜校、民营培训机构等各种类型的继续教育机构，15000 余名学习者因此项目而受益。为了支持老年人参与学习，韩国从 2000 年开始实施老龄人终身教育政策。他们制定了金光终身教育服务团的基本计划，并于 2002 年在全国实施支援事业，到 2006 年志愿者的人数已经达到 2100 余名。此外，"从 2002 年起，韩国政府还为扫盲教育项目、大学名誉学生制度、时代理解强化项目、职业教育项目等老年人终身教育事业提供了支援"①。

（四）保障机制

韩国成人继续教育经过近年来的发展，已经成为终身教育体系的重要组成部分，或者说已经构成了国家终身教育体系的核心。韩国通过建立多种机制，保障了成人继续教育和终身教育的质量，成为引领世界终身教育体系建设的典范。在此主要以具有韩国特点的终身教育师制度加以说明。

韩国继续教育与终身教育质量保障的最大特色或者说最大优势是终身教育师的设立。在韩国，终身教育师是专门从事成人继续教育与终身教育的特定职业，这也是韩国与其他几个发达国家在继续教育发展方面的一个明显差别，也因此形成了韩国的一大特色。韩国终身教育师是在其《终身教育法》中做出的特别规定，该法案明确提出韩国实行终身教育师制度，并专门用第四章的内容对终身教育师的任职资格、考核认定、等级评定、工作开展、培

---

① 韩国教育人力资源部：《韩国的教育》，2010 年。

训学习、晋升聘用等做出了明确的规定。作为韩国特定的职业类别，终身教育师有着严格的准入制度，并且实行规范的职业资格认证制度。终身教育师资格制度设有三个等级，每一等级都有相应的学历、实习和培训等要求，这也提升了终身教育师的专业化水平。成为终身教育师，除了具备相应的学历之外，还必须参加专门的课程学习，学习的课程主要是终身教育与学习的专业知识与技能，并且要经过四周的教育实习。高等教育制度对终身教育师的入职资格也有界定，规定在符合规定的学校学习终身教育相关课程或在指定终身教育机构学习一定课程的人，可以获得终身教育师资格。终身教育师在韩国是一个有着较高社会地位的职业，是韩国终身教育质量保证的关键因素。近年来，"越来越多的终身教育师加入了专业化的师资队伍，成为韩国终身教育事业快速发展的有力保障"。[①]

韩国继续教育质量得到有效保证的另一个重要因素是完备的网络技术支持。韩国信息技术和网络技术的发展一直走在世界前列，在成人继续教育和终身教育领域，网络信息技术的全面应用为成人学习提供了充分的保障，有力地促进了成人学习的现代化、多样化和便利性，形成了超越时空限制的成人学习机制和各种可供选择的多样化学习模式。

（五）沟通机制

近年来在国际范围内非常流行的学分银行的概念最早就源自于韩国。学分银行是韩国教育制度的重要创新，在世界范围内具有示范作用。这种制度创新，较好地实现了正规教育与非正规教育之间的沟通与衔接，不同教育领域和层次之间的边界被打破，为民众终身教育的实现提供了更好的机会和更优的途径。韩国的学分银行是为解决社会普通公民拥有更多的高等教育机会而创建的，它使得大学突破了封闭办学的传统而变得更加开放，不但正规的

---

① 王拓、齐婧莹：《韩国终身教育体系的特点及启示》，《内蒙古电大学刊》2018 年第 6 期。

大学教育得到重视，而且非正规的高等教育开始得到认可。在高等教育领域所构建的这种沟通与衔接模式，完善了韩国整体的终身教育运行机制，也使得韩国终身教育体系的建立走在了世界的前列。

韩国启动学分银行建设是在 20 世纪末期，在 1995 年 5 月韩国发布的教育改革方案中，确定了建设"开放型教育社会，终身学习社会"的目标，在具体的路径和举措中提出了建设学分银行的构想。在教育改革委员会向总统提交的改革方案中认为通过学分银行可以实现全民获得充分的学习机会，人们可以通过各类渠道进行学习而不受时间和地点的限制。在这一背景下，韩国学分银行制度开始启动，这一创举取得了良好的成效。

为了推进学分银行建设，韩国政府进行了充分的准备。比如在 1996 年韩国新的教育改革方案中，重申了建设学分银行制度的必要性，为其建设提供了政策基础。韩国政府建立了"国家多媒体教育支援中心"，从技术层面为建设学分银行提供支持。《学分认证相关法律》在法律上为其提供保障。1998 年，韩国正式以教育部令的形式规定了学分银行实施细则，这一制度在韩国开始正式实施。

韩国《学分认证相关法律》比较详细地规定了这一制度的关键要素，比如建立目的、术语定义、学习课程的评估、评估认证书的交付、评估认证的取消、评估认证的公告、学分认证、学历认证、学位授予、国家及地方自治团体的任务、权限的委任委托、命令改正等。通过科学的制度设计，韩国的学分银行制度实现了继续教育的学分累计与转换，实现了不同类型学习成果的互认和衔接。各种教育形式之间由此可以实现资源的共享，终身教育的目标便由此有了可行的制度保障。

第八章 启示与借鉴

二战之后，特别是上世纪六七十年代以来成功推动西方发达国家经济乃至社会迅速发展的继续教育，在当今世界政治、经济、文化发展的各个方面都发挥着举足轻重的作用。可以看出，发达国家通过不断加强和改革管理体制机制，有力地促进了继续教育的发展，构建起日益完善的终身教育体系，引领国际学习型社会建设的潮流。通过比较美国、英国、德国、日本、韩国五个国家的做法和经验，我们可以看出这些国家继续教育管理体制机制的基本特点和规律，有一定的启示和借鉴意义。

一、丰富创新继续教育发展的指导理念

从本书中五个发达国家近半个世纪继续教育蓬勃发展的历程来看，以人力资本理论、终身教育理论、终身学习理念和学习型社会理念为代表的教育与人力资源开发相关理论，在其中具有重要的指导作用。正是以这些丰富的理论为基础，发达国家不断推进继续教育的内容创新、方式创新和体制机制等一系列创新，甚至体现在这些国家所推出的一系列政策主张与法律法规之中。20世纪80年代，美国提出提高国家竞争能力的三个关键要素，其中之一就是人力资源开发和劳动力的技能，并认为继续教育是人力资源开发政策中必不可少的组成部分。90年代以后，英国继续教育发展的人力资源投资

性质更加明显，政府认为"投资于人的培训和发展，这对于经济增长、社区繁荣和国家竞争力都具有关键意义"。终身教育思想的出现，对各国的继续教育实践产生了深刻影响。英国在60年代后期的教育政策中就有意识地增加职业技术的内容，以满足成人终身学习的需求；德国70年代的成人教育和职业培训开始走向融合，尤其是将继续教育与其他各类教育形式相提并论，将整个教育体制重新划分为学校教育和初等教育、中等教育、高等教育、继续教育。终身学习理念的出现更加突出了学习者的主体特征，美国的《终身学习法》认为终身学习的范围涵盖了成人基础教育、继续教育、独立学习、农业教育、商业教育、劳工教育、职业教育、双亲教育、退休前及退休人员教育、实习教育、职业及晋升教育等广泛领域。德国则在1997年的《终身学习：职业继续教育的情况与展望》报告中提出"终身学习无论对个人、组织或社会而言都极为必要，每个人都将被激励与支持参与终身学习"。日本在第三次教育改革时期提出了面向21世纪的教育目标，把终身学习体系作为改革的根本指导思想。学习型社会理念则将终身学习作为现代社会发展的重要特征予以强调，如早在20世纪70年代韩国提出了致力于构建一个"不管谁，不管什么时候，不管在哪里，不管想学什么，不管以什么方式学，只要你想学，你总可以学，总能学得好"的"学习社会"。80年代的日本为了应对国际化、信息化、老龄化时代的挑战，提出了向终身学习社会过渡的口号，把构建终身学习社会纳入面向21世纪的综合战略。应积极借鉴发达国家继续教育发展理念与实践，充分对接、有效指导的经验，发挥继续教育创新发展理论先导的重要作用。

二、充分认识继续教育发展的战略使命

在发达国家，继续教育具有与正规学校教育相同乃至更高的战略地位，

在国家教育和社会发展中扮演着极其重要的角色。[①] 20 世纪 70 年代，德国将继续教育与其他各类教育形式相提并论，将整个教育体制重新划分为学前教育和初等教育、中等教育、高等教育和继续教育。英国持续实施技能战略，以此来推进继续教育改革发展，在其著名的《学习时代》绿皮书中明确指出，"学习是通向繁荣的关键——不管是对个人还是整个国家而言都是如此，为了达到持续的增长，我们需要一支受过良好教育，有着良好准备，并且能够适应环境变化的劳动大军。"从上到下的高度重视是日本继续教育得以快速发展的最关键因素，它们将继续教育作为国家人力资源开发的重要战略，视为国家教育发展战略的重要组成部分，政府多次颁布有关发展继续教育的法规，并进行有效的投资；由政府一些主要部门主持的各种教育审议会，无论涉及何种教育领域，但论点的中心及目标均以终身教育为基础。在20 世纪 90 年代，美国经济持续增长 107 个月，不断强化的劳动力教育与培训在其中发挥着强有力的基础性支撑作用。在过去的一个世纪中，韩国经历了相当大的变革，而正是转变为知识与学习社会的历程让韩国得以在全球化的世界中持续保持竞争力。由此可见，各主要发达国家无不赋予继续教育以极高的战略地位，在国家战略规划、政策支持、经费投入乃至国家继续教育管理机构建设等方面，对继续教育都有特别的规划和规定，有的国家对继续教育的支持和投入甚至超过了对正规学校教育的支持和投入水平。[②] 借鉴发达国家的经验，应在国家政策及相应的法律法规中，进一步突出继续教育的重要地位，进一步明确继续教育的发展定位，进一步明确继续教育人才培养的目标和质量标准，赋予继续教育更为重要的战略使命。

[①]　李兴洲、卢海红：《继续教育的国际经验》，《北京师范大学学报（社会科学版）》2010 年第 1 期。

[②]　李兴洲、卢海红：《继续教育的国际经验》，《北京师范大学学报（社会科学版）》2010 年第 1 期。

三、健全完善继续教育组织体制

发达国家继续教育的开展都是在政府的引导和支持下组织实施的，继续教育规模宏大，继续教育体系日趋完善。从普遍的做法和典型经验来看，一是注重加强国家对继续教育的统筹规划和组织领导，包括设立专门的继续教育或终身教育管理机构，如英国的学习与技能委员会的设立及后来青年学习署的设立，日本文部省终身教育局的创建以及韩国终身教育研究院的建立，更具有代表性的是主管终身教育的韩国教育科技部的部长由国家副总理兼任，对统筹协调各种发展资源具有明显优势。二是政府对继续教育的分权化管理特征明显。如美国联邦政府管理的重点主要集中于加强宏观调控，公立成人继续教育主要由各州根据情况自行管理，州教育委员会设有专管公立成人继续教育的机构，成人继续教育项目的实施主要由各机构自主行事，由各协会进行专业性规范与协调。英国有关继续教育的组织和管理主要由地方行政机构负责，中央政府虽曾设有教育科学部，但并非继续教育的执行机构，而主要负责提供发展所需的经费补助，调停争端，提供意见等，也不经常下达行政指令。德国对成人教育实行的是"国家辅助、多元化办学和自由教学"的原则，成人教育管理实行联邦和各州灵活结合、彼此协作、以州为主，充分发挥社会团体的办学积极性。三是间接管理方式突出。如美国联邦政府一般通过间接干预的方式重点资助事关全局、福利性或紧急的培训，即使是这些项目也很少由政府直接提供，而是通过临时委托社会机构来承担。四是继续教育咨询机构作用显著。如美国的成人教育委员会作为国家成人教育咨询机构，在实施成人教育法案中向教育部长提供咨询，并检查法案推行的效果，每年向总统提交一份关于成人教育情况和建议的报告。1992年日本成立的"终身学习审议会"更可以看作是世界范围内终身教育咨询制度的创新典范。继续教育涉及的人群最多，教育领域最广，教育空间最大，是最复杂的一种教育形式。应充分借鉴发达国家的先进经验，进一步加大对继续教育的组织领导和统筹规划，进一步完善继续教育发展制度，进一步发挥教育咨询机构的重要作用，进一步加强对继续教育的监督管理。另一方面，要考虑到继续教育的典型特征，在招生计划、招生规模、专业设置、费用开支等各方面，充分向地方和办学主体放权，有效调动地方、行业、社会乃至个人参与继续教育管理的积极性，构建新的继续教育组织管理体系。

四、健全完善继续教育办学体制

发达国家继续教育发展的经验表明，只有政府、企业、社会力量、个人等多方面协同治理才能促进继续教育的健康发展。发达国家正是清醒认识到教育事业是一项系统工程，是全社会的事情，因而得到了全社会的参与和支持，积极调动社会各界力量，充分利用社会的公共资源，尽可能地发挥个体的力量，使他们加入到继续教育事业中来，办学实体的多元化和投资方式的多渠道便充分证明了这一点。各个国家充分整合教育资源，建立多系统的办学模式，打破教育壁垒，建立政府、高校、企业及民间组织等多系统的办学模式。值得借鉴的经验主要包括以下几个方面。一要充分发挥政府主办的专门成人继续教育机构的功能，由这些组织承担起继续教育的主体责任，比如英国的继续教育学院、德国的人民大学、美国的社区学院等，都在成人继续教育发展中发挥着重要的作用。二是充分发挥各级各类学校在继续教育中的重要作用。应有效发挥在社会、社区成人教育中的作用，未能积极促进学校与社区的沟通联系。增强大学通过继续教育服务社会发展的能力，大学继续教育专门机构乃至专业学院都应该承担起更多的社会责任。要实行高校开放式办学，加强与社会的联系与沟通。同时，大力发展依托高校的"继续教育学院"或"继续工程教育学系"的各种形式的培训和继续教育，主动向社会人员提供学习机会。三是要发挥企业在职业继续教育中的重要作用。企业要充分认识到人力投资可以通过提高劳动生产率得到回报。据美国企业界计算，在继续教育上每投资 1 美元，可赚回 3—7 美元，属于高回报。四是要充分调动行业协会和社会组织积极参与办学。比如在美国各种协会举办的继续教育所占比例为 20%，美国的律师协会、工程师教育协会、医师继续教育协会等，都为本会会员举办继续教育活动；社会机构也广泛参与继续教育，如宗教、劳工组织等社会团体。五是充分利用社会的公共资源乃至个人的力量。社会的公共资源包括图书馆、文化馆、博物馆、工人文化宫、俱乐部、艺术中心以及广播、报刊等大众传播媒介等，使继续教育、终身教育事业成为全社会共同关注、共同支持和共同参与的事业。

五、健全完善继续教育法律制度

为继续教育制定专门的法律是各国的共识。通过考察五个发达国家继续教育或终身教育的立法情况，可以看出这些国家通过较为完善的法律法规确立了继续教育的合法地位，受教育者接受继续教育的权利得到有效保护，继续教育的质量得到有力保障。发达国家关于继续教育的立法也呈现出较大差异性，有的是专门的成人教育立法，有的是专门的终身教育立法，有的是在相关法律中对继续教育作出明确规定。但无论如何，继续教育或终身教育立法是一个国家继续教育得以顺利开展的基本保障。以专门的成人继续教育或终身教育立法为例，美国 1966 年颁布的《成人教育法》对美国近半个世纪以来继续教育的发展和劳动力素质的起升提到了重要的作用，1976 年颁布的《终身学习法》更是极大地促进了成人继续教育立法与政策实施中的终身化方向。英国自 20 世纪 90 年代以来，连续出台了多部关于继续教育或教育培训的专门法律，如 1992 年颁布的《高等教育和继续教育法》，2000 年颁布的《学习与技能法》，2002 年颁布的《为了每个人的成功——继续教育与培训改革法案》，2007 年颁布的《继续教育和培训法》都在不同时期、不同阶段强化了公民的终身教育理念，保障了继续教育活动的开展，促进了国家技能战略的实施。德国除了国家层面出台继续教育法律法规之外，各州会根据实际制定地方法规，如早在 1953 年德国北莱茵—威斯特法伦州就颁布了对成人教育提供经费补贴的第一个成人教育法，这些地方法规在国家分权管理体制下有利于保障和促进地方继续教育的发展。1990 年日本颁布的《终身学习振兴法》是美国之后第二部关于终身教育的成人法，有力地推动日本进入终身学习时代，日本内阁颁发了与该法配套的"政令"，制定、健全了振兴国内终身教育事业的体制和标准，基本形成了完整的法律法规体系。韩国则成为继美国、日本之后第三个专门为终身教育立法的国家，1999 年颁布的《终身教育法》成为目前世界上最富创新意义的实体法，"充分体现了韩国社会对于终身教育发展模式的思考，其先进经验与立法创想也将为其他国家所学习与借鉴①。"在进一步推进继续教育事业发展的过程中，应尽快将继续教育或终身教育立法摆上日程，积极构建有新的继续教育或终身教育法律体系。

六、建立有效的继续教育投入机制

从五国继续教育经费投入的实践来看，一般都是通过构建政府、企业、社会、个人等多主体共同投入的成本分担机制，推动了继续教育快速发展。各国政府在继续教育投入上均发挥着主导作用，通过多种方式确保了经费的充足提供，成为促进继续教育发展的基本保障。政府可以直接拨款，如美国

---

① 黄欣：《终身教育立法：国际视野与本体行动》，《教育发展研究》2010 年第 5 期。

《地区发展及人力发展与训练方案》规定所有参加培训的人员，个人不负担任何费用，费用均由联邦政府和州政府承担。美国各级政府对继续教育的投资数额占学校全部费用的 2/3，政府除不断增加国家财政拨款外，还以法律、法规的形式明确规定中央和地方政府对继续教育经费所承担的比例。英国政府 1992 年颁布的《继续教育和高等教育法》规定，继续教育拨款委员会负责拨付继续教育经费，继续教育经费总数的 3/4 或 4/5 来自于该拨款委员会；1999 年英国成立新的"学习和技能委员会"时，政府一次性提供 50 亿英镑的启动资金。德国政府承担了成人教育的绝大部分经费，继续教育经费支出有时甚至超过普通学校教育。上个世纪 90 年代，日本政府特设"地方终身学习振兴费补助金"，1996 年的预算就达 136.1 亿日元。除了直接拨款外，政府还可以通过资助企业、资助个人和社会团体等方式发展继续教育，如美国丰富的奖学金制度，英国的"个人学习账户"制度等。除了政府所提供的充足经费之外，企业日益成为重要的继续教育与培训投资的主体。日本企业一般每年用于每个员工的培训费用就达 30 万日元，每年全国企业内教育费约 60 兆日元，这种培训直到员工 60 岁退休时为止[①]。美国公司一般拿出其销售收入的 1%—5% 或工资总额的 8%—10% 用于培训工作。韩国曾规定企业主必须为每个月薪不满 1000 韩元的员工向政府缴纳相当于工薪 5% 的金额作为成人教育基金。德国企业已成为职业继续教育的最主要"买单者"，在所有经费来源中，私人企业的所占比重最大。在越来越多的继续教育培训领域，开始根据"谁受益、谁付费"的成本分担原则，培训资金的来源渠道和方式因其受益主体的多元化而呈现多元化的格局。很多社会组织、团体也纷纷为成人继续教育提供经费资助。从各国的做法来看，公民个人主要以学费的方式投入继续教育，一般投入的数量也较少，但也是经费来源的必要补充。应尽快加大公共财政预算，完善继续教育、终身教育投入制度，同时对党政机关、企事业单位继续教育经费投入提出明确要求，并确保严格执行；

---

① 崔世广：《日本终身教育的特征及启示》，《民族教育研究》2006 年第 4 期。

尤其对社会弱势群体的教育培训更要有充分的经费支持，为继续教育发展提供基本保障。与此同时，基于继续教育的独特性质，应尽快构建和创新多主体共同投入和成本分担机制，满足继续教育多样化需求。

七、建立有效的继续教育市场机制

上述五个发达国家在其现代化发展进程中，均建立了比较成熟完善的市场经济体制，在继续教育领域也均表现出较强的市场特征，通过有效的市场机制来调节继续教育供求关系，实现对继续教育质量的有效控制。20 世纪 80 年代，国际经贸组织将包括继续教育在内的教育贸易作为服务贸易的一部分统计在国际贸易服务之中，关税与贸易总协定秘书处也在 1989 年 4 月将教育列入服务贸易的 14 个类别之中，继续教育是其中的重要组成部分，这就赋予了继续教育更强烈的市场特征。特别是在教育培训领域，继续教育的个人产品属性明显，市场运作的效果会更好。为此，许多国家围绕继续教育供求关系这个大市场，把它当成一种重要的产业来运作、运营，不仅努力开拓国内市场，而且大力开发国际市场。发达国家往往通过多种市场机制来对继续教育的发展和运作实施调控。美国继续教育发展具有明显的"自由市场需要"的色彩，继续教育机构之间的竞争很激烈，质量好坏完全取决于能否有效满足学员需求，教育培训已经成为国家重要产业。英国奉行教育准市场化理论，着力构建一个消费者驱动的、由政府、企业和教育机构共同参与的教育市场，成人教育的重要办学机构——继续教育学院和开放大学等，都是完全自主办学、独立经营的实体，要主动面向市场设置课程，提高效益。在市场经济观念基础上发展起来的德国，继续教育属于有偿服务，价格完全由市场决定，主要活动基本上全部依靠市场来调节和运行，政府几乎不采取过多的干预手段；继续教育机构要培育良好的市场预测能力，能够及时准确预测社会的需求动向，随时注意教育市场的最新动态，搜寻不同领域内的各种行业数据与信息，建立起较完备的需求预测系统，并作出科学分析。继续教育机构要不断提升市场化运作能力，有效应对各机构间的高度竞争。日本和韩国在继续教育发展过程中，也都逐步赋予继续教育越来越突出的市场化特征，如日本在 90 年代积极推进终身学习主体多元化，积极刺激消费性终身学习；韩国继续教育机构的培训课程和培训体系紧密地与社会需求、市场变化结合起来。在发展继续教育的过程中，应充分考虑继续教育所具有的准公共产品特征，甚至有的教育培训属于私人物品的属性，不断健全和完善继续教育的市场化运作机制，发挥市场对学习资源的优化配置功能，尤其充分调动市场资源和社会资源，有效促进继续教育机构之间的积极竞争，深化继续教育供给侧改革，切实满足公民多样化、个性化、特色化的终身学习需求。

八、建立有效的继续教育激励机制

有效的激励机制能够充分调动继续教育的提供者和学习者参与继续教育的积极性，从而保持继续教育发展的充足活力。从几个发达国家的经验来看，都为创造更充分的学习机会、更高质量的学习效果、更积极主动的学习热情提供了有效的激励机制。发达国家继续教育的激励机制各有特色，所关注的领域也很广泛，但都具有非常强的实效性。以几个国家的典型做法为例：美国在 20 世纪 90 年代以来，政府数次提出并鼓励个人、家庭和企业向人力资本投资的税收基数冲抵、减免政策，还设立了种类繁多的奖学金，如联邦直接助学金、帕金森助学金、传统黑人学员补助金等，极大地激励成人的学习热情。英国特别注重激发雇主参与成人继续教育的积极性，极力鼓励学习者参加各种能够提高其技能的培训学习活动。2009 年颁布的《学徒制、技能、儿童和学习法案》提出通过减税等措施调动雇主参与成人教育活动的积极性，同时在学习内容上进行变革，使培训的内容和企业的需要更加契合。德国联邦政府和州政府为了激励人们参加继续教育，对继续教育经费设置了两种不同的核算方法，要求企业来承担相应费用，在一定程度上激发了员工参与培训的积极性。德国对个人实施继续教育援助制度也具有极大的激励性。1971年《联邦教育训练促进法》规定通过发放奖学金对个人实施继续教育援助的方法以促进成人教育的发展；1996年《晋升进修教育促进法》的实施，极大地激励了在职人员的终身学习动机，每年约有80余万人获得经济资助。此外，为促进终身教育的发展，德国政府还推出带薪教育休假制度，每年给予劳动者10天左右的教育假期。日本的《终身学习振兴法》规定："对在终身教育活动中作出贡献的民间组织事业者，给予税收方面的优惠，或者给予资金、债务保证方面的援助"，一系列的税制优惠措施充分调动了企业和社会团体的参与意愿，有力地推动了民间组织和社会人士参与终身学习事业。韩国的《终身教育法》制定了一系列相应的制度与措施，如引入了"学习休假制度"和"学习费用援助制度"的法律条款，规定企业员工在满足一定条件后可以享有带薪或者不带薪的休假待遇，以用于再学习或培训，而对于经济生活困难的公民，则可以通过政府或企业的资助，获得参加终身教育的经费。从发达国家的种种做法和经验来看，都对成人教育与学习给予了充分尊重和重视，对相关弱势群体的学习机会给予了特别的关照和支持。在继续教育发展不平衡不充分的现实情况下，应通过探索有效的继续教育激励机制，调动更多的相关主体充分参与继续教育、关注继续教育、发展继续教育。

九、建立有效的继续教育保障机制

质量是继续教育发展的生命。从国外发达国家的实践来看，都结合实际建立了一套较为有效的继续教育质量保障机制，包括了继续教育发展中的教师、机构、标准、评估、督导、资源等方方面面。许多国家的保障机制既具有本国特色，也具有很强的推广借鉴价值。以从事继续教育或终身教育的专业人员为例，英国采取积极措施加强继续教育教职人员建设，包括加强初始培训，在全国范围内实行教师"继续专业发展"计划，吸引优秀人才充实继续教育教师队伍等。德国各州颁布的《继续教育法》，均对教学人员的资质有明确的规定。德国的大学设有培养继续教育人才的专业，培养的时间一般为 2 年，学习结束后获得继续教育专业学位证书，才可以开始从事继续教育工作。日本对终身教育专业指导人员能力和素质要求规定很高，要求他们精力旺盛，视野广阔，具有较强的组织、沟通、协调和交际能力，一般都要经过严格训练达到一定标准才能上岗。日本高度重视成人教育教师的专业化发展，必须具备"双师"证的要求。韩国的"终身教育师"更具有代表性，《终身教育法》第四章整章对终身教育师的任职资格、考核认定、等级评定、工作开展、培训学习、晋升聘用等作出了明确规定。其他相关保障机制各国也各有特色值得我们吸收借鉴。比如：对继续教育机构的认证，美国医学继续教育认证工作由继续医学教育认证委员会负责，委员会由美国医学专业协会、美国医院协会、美国医学协会、医院医学教育协会、美国医学院校协会、医学专业理事会和美国国家医学学会联盟等七个组织构成，由它负责对提供继续医学教育项目的组织机构进行认证，以确保质量和信誉。在继续教育的评价督导方面，英国通过立法明确规定了职业与继续教育督导的职能，制定了职业与继续教育督导框架的大纲、评价指标和标准。再如，行业自律和第三方监管机制的建立已成为德国继续教育质量保障的鲜明特色。日本和韩国的信息情报服务则成为其质量保障的重要措施。日本文部省专门资助地方教育部门按期规划建立继续教育情报信息网络，提供具体的学习活动和计划，各类教育、运动和文化设施状况，有关的组织信息，各区现有的专家和教师等有关情报信息。韩国建立了全国联网的人才资源信息库（人力银行）和劳动力市场需求信息库，可随时为劳动者提供免费继续教育信息服务。

十、建立有效的继续教育沟通机制

从近年来发达国家继续教育发展的趋势来看，一个重要的表征是越来越注重各种教育领域之间的沟通衔接，搭建继续教育或终身教育发展的立交桥。尽管各个国家起步时间有早有晚，所搭建的立交桥形式各异，但通过某种形式的评价、认证、转换等一系列努力，力图实现在继续教育内部之间，或与继续教育外部其他教育领域的相互衔接与沟通，为学习者终身学习和构建学习型社会创建有效的实现机制。比如美国各成人教育机构之间充分衔接沟通，学生可以方便地在各类型、各层次成人教育机构之间转学，多数成人高校和社区学院、大学通过弹性学制和学分互认，为民众提供充分公平的学习机会。美国的"终身学习记录票"制度也很好的实现了对个人学习成果的评价和积累，其中的"经验学分"则能够将社区服务、生活经验或职业经验折合成大学学分。再如，英国非常注重继续教育与普通中学教育的衔接，通过构建学术性课程、职业技术课程与大学入学考试三者之间相互贯通的桥梁有效实现了学术教育与职业教育的沟通。而其在创新完善和整合国家资格框架体系方面，则成为世界范围内终身教育立交桥的典范。德国除了在终身学习国家资格框架的创建方面非常值得借鉴之外，其所积极推动的职业教育培训和大学教育的渗透模式也是我国在继续教育改革中应该吸收的重要经验，有利于打破目前我国高等职业教育和高等学术教育之间的壁垒。此外，德国为了实现职业教育向大学教育的充分渗透，尝试开展了"基于工作的学习"，以弥补传统大学组织和教育模式难以实行非传统学生的不足，较好地解决了学习环境和工作场所脱节的问题。日本的终身学习成果评价认证机制，有效地促进了个体学习成果在整个社会范围内的互通，社会成员参加各种社会活动时，能够有效利用通过非正式、非正规学习途径所获得的成果，从根本上提高个人的学习积极性。日本还制定学习成果评价互换、转换和积累加算的标准，促进各种学习成果间的等值互认。以韩国所创建的学分银行为代表，实现各种教育形式之间的资源共享，实现继续教育的学分累计与转换，实现不同类型学习成果的互认和衔接，为终身教育体系的实现提供一种切实可行的制度保障。应积极借鉴和吸收发达国家的先进经验和做法，结合本国实际，积极推进终身教育立交桥制度建构，实现继续教育的创新发展。

参考文献

外文文献

1.European Union. Council Conclusions of 12 May 2009 on a Strategic Framework for Europe-an Cooperation in Education and training ('ET 2020') (2009/C 119/02). http://www.cedefop. europa/EN/Files/ET-2020.pdf.

2.U.S. Department of Education. Strategic Plan: Fiscal Years 2011-2014.http://www.ed.gov/ about/repot/strat/plan2011-2014/plan-2011.pdf.

3.G.Baker(ed)，"A Handbook on the Community College in America"，Westport Greawood Press. 1994，19.

4.Richard E.Peterson and Associates. LifelongLearning in America.Jossey-Bass Publishers, 1980.

5.DFES. Further Education: Raising Skills，Improving Life Chance.http:www.dfes.gov.uk/ publications/furthereducation/docs/6514, 2006.03.

6.DFES，LSC.21st Century Apprenticeships- End to End Review of Delivery of Modern Ap-prenticeships. London: Dfes, 2004.

7.LSC.Further Education and Work-based Learning for Young People-Learner Outcomes in England 2004-2005.http://www.lsc.gov.uk, 2006.04.

8.DFES. Success for all: Reforming Further Education and Traing.http://www.dfes.gov.uk/ learning&skills, 2002.03.

9.Aldridge，Fiona，Alan Tuckett.Counting the Costs.Leicester:NIACE，2009.

10.Gareth Williams. The market route to mass higher education:British experience 1979-1996. Higher Education Policy, 1997(Vol.10, No.3/4).

11.Market. Collectives and Management. Oxford Review of Education, (Vol.20, No.1)1994.

12.Learndriect. Adult Learning Grant.http://www.learndriect-advice.co.uk/featured/alg/#what,

2005-11-23/2006-05-11.

13. OECD. The matic Review of Adult Learning: The United Kingdom (CountryReport).http://www.oecd.org/detaoecd/29/53/35049163.pdf.2005-06-15/2006-05-11.

14. LSC. New grants to help adult learners. http://www.lsc.gov.uk/National/Media/PressReleases/Archive/newgrant.htm.2005-09-16/2006-05-11.

15. Department for Education，UK. 16 to 19 study programmes. https://www.gov.uk/government/uploads/system/uploads/attachment_data/ file/493452/16_to_19_study_programmes_departmental_advice_Jan_2016_update.pdf.

16. DFES. 21st Century Skills-Realizing our Potential .http://www.london3.ecotec.co.uk/download/skill-strategy-wp-200307.pdf, 2003-07-11/2006-05-09.

17. Ofqual，UK. After the QCF: a new qualifications framework. https://www.gov.uk/government/uploads/system/uploads/attachment_data/ file/461401/after-the-qcf-a-new-qualifications-framework-decisions-on-conditions-and-guidance-for-the-rqf.pdf.

18. Reuter, R. Lutz; Fuchs, Hans-Wemer: Bildungspolitik in Deutschl and Leske+Budrich, Opladen 2000.S.125.

19. Confintea midterm review2003-country report germany.www.unesco.org/education/uie/pdf/country/Germany.pdf.

20. Kultusministerkonferenz (KMK)，The Education System in the Federal Republic of Germany 2001，Bonn 2002.178.

21. HuntemannH, Reichart E. Volkshochschul-Statistik:54. Folge, Arbeitsjahr 2015. Bonn, 2016(11).

22. OLAF ZAWACKI-RICHTER，MICHAELA KNUST and ANKE HANFT.Organization and Management of Continuing Education in German and Finnish Universities. Higher Education in Europe, Vol, 34, Nos.3-4, October-December 2009.

23. BMBW：BerichtssystemWeiterbildungVIII.Bonn 2003.S.292.

24. MEXT. National Report on the Development and State of the Art of Adult Learning and Education.2009.

25. Jang-Ho Kim.NEW PARADIGM OF HUMAN RESOURCES DEVELOPMENT—Government Initiatives for Economic Growth and Social Integration in Korea[pdf] .KRIVET.2005.

中文文献

1. 高志敏：《继续教育概念辨析》，《河北师范大学学报（教育科学版）》2001 年第 1 期。

2. 顾明远主编：《中国教育大辞典》，上海教育出版社 1998 年版。

3. 罗肇鸿、王怀宁主编：《资本主义大辞典》，人民出版社 1995 年版。

4. 吴雪萍、项晓琴：《英国继续教育改革探析》，《比较教育研究》2008 年第 5 期。

5. 郝克明：《跨进学习社会的重要支柱——中国继续教育的发展》，高等教育出版社 2011 年版。

6. 张维：《世界成人教育概论》，北京教育出版社 1993 年版。

7. 关世雄主编：《成人教育词典》，职工教育出版社 1990 年版。

8. 张凤林：《人力资本理论及其应用研究》，商务印书馆 2006 年版。

9. 顾明远：《终身教育——20 世纪最重要的教育思潮》，《职业技术教育（教科版）》2001 年第 1 期。

10. [加] 克里斯托弗·K.纳普尔、阿瑟·J.克罗普利著，徐辉等译：《高等教育与终身学习》，华东师范大学出版社 2003 年版。

11. 毕淑芝、王义高主编：《当今世界教育思潮》，人民教育出版社 1999 年版。

12. 常永才：《美国成人教育的发展机制》，《比较教育研究》1999 年第 3 期。

13. 马小键：《美国成人教育管理体制及其对我国成人教育的启示》，《成人高教学刊》2002 年第 5 期。

14. 张乐平、李悦：《美国成人教育体制对我国成人教育的启示》，《高等函授学报（哲学社会科学版）》2007 年第 11 期。

15. 殷明：《从美国经验看我国继续教育的发展取向》，《继续教育研究》2008 年第 2 期。

16. 赵红亚：《美国成人教育立法及其对我国的启示》，《陕西师范大学继续教育学报》2004 年第 1 期。

17. 赵红亚：《迈向学习化社会：美国成人教育思想与实践的传统和变革》，中国社会科学出版社 2004 年版。

18. 谷贤林：《九十年代的美国教育改革》，《国家高级教育行政学院学报》2000 年第 1 期。

19. 杨菁、李曼丽：《当前美国企业培训的现状、特点及其对我国的启示》，《清华大学教育研究》2002 年第 2 期。

20. 刘杉杉：《近十年美国成人教育发展述评》，《河北大学成人教育学院学报》2010 年第 2 期。

21. 姜俊和、郝世文：《美国社区学院反向转学问题述评》，《外国教育研究》2018 年第 4 期。

22. 联合国教科文组织终身学习研究所：《对于非正规与非正式学习成果的识别、验证和认证指南》，《开放教育研究》2012 年第 12 期。

23. 米红、李国仓：《美国大学与社区学院学分互认机制研究——以北卡罗来纳州为例》，《比较教育研究》2007 年第 10 期。

24. 廖伟群：《英国继续教育的特点及其启示》，《教育导刊》2004 年 8 月号上半月。

25. 李震英：《英国将迎来激进的学徒制改革》，《中国教育报》2015 年 10 月 21 日第 11 版。

26. 范琳、吴雪萍:《英国成人教育改革探析》,《外国教育研究》2007 年第 1 期。

27. 蒋艳红、陈琳:《英国〈继续教育与技能计划(2010—2013)〉及其启示》,《中国远程教育》2011 年第 8 期。

28. 匡瑛:《英国近十年的继续教育概述》,《外国教育研究》2002 年第 6 期。

29. 胡乐乐:《英国政府公布〈继续教育白皮书〉》,《中国职业技术教育》2006 年第 20 期。

30. 乐传永:《英国成人教育改革与发展的主要特色与启示》,《陕西师范大学继续教育学报》2006 年第 1 期。

31. 沈悦青:《剑桥大学继续教育现状》,《课程教育研究》2015 年 6 月上旬刊。

32. 张维:《国际成人教育比较研究》,工商出版社 1996 年版。

33. 张霞、黄日强:《英国成人教育的准市场化机制》,《成人教育》2010 年第 10 期。

34. 刘文杰、王雁琳:《英格兰终身教育"学习账户"制度的历史演进及其启示》,《外国教育研究》2014 年第 1 期。

35. 吴雪萍、赵婷:《如何推进我国的终身学习进程》,《教育发展研究》2016 年第 9 期。

36. 徐朔:《德国继续教育的现状和发展趋势》,《外国教育研究》2003 年第 2 期。

37. 张新科:《德国国家教育体系中的继续教育》,《中国成人教育》2005 年第 6 期。

38. 李米雪:《德国继续教育的发展与现状研究》,《开放学习研究》2017 年第 4 期。

39. 戴凌云:《德国的继续教育体制及对我们的启示》,《北京教育》2002 年第 7 期。

40. 黄富顺:《比较终身教育》,(台北)五南图书出版股份有限公司 2003 年版。

41. 吴遵民:《国际终身教育论》,上海教育出版社 1999 年版。

42. 王世岳、孙武平:《人民大学:继续教育的德国模式》,2018 年第 1 期。

43. 刁桂梅:《德国成人教育的特色及其借鉴》,《河北大学成人教育学院学报》2012 年第 3 期。

44. 庞学铨、克劳斯·迈泽尔:《中德成人教育比较研究》,中国社会科学出版社 2004 年版。

45. 叶凌雪:《发达国家职业继续教育的发展趋势及其对我国的启示》.《教育探索》2008 年第 5 期。

46. 李其龙、孙祖复:《战后德国教育研究》,江西教育出版 1995 年版。

47. 孙玫璐:《德国成人教育中心的发展特点与启示》,《职教论坛》2012 年第 21 期。

48. 李朝阳:《德国继续教育概况以及与芬兰继续教育的对比》,《创新与创业教育》2017 年第 4 期。

49. 吴雪萍、何雨曦:《德国成人扫盲教育探析》,《职业技术教育》2014 年第 10 期。

50. 林翔:《德国职业继续教育发展对我国的启示》,《继续教育研究》2009 年第 10 期。

51. 庄西真:《德国教育改革的思想及其对我们的启示》,《常州技术师范学院学报》2002 年第 3 期。

52.修春民：《德国 3/4 企业为职工提供继续教育机会》，《世界教育信息》2013 年第 16 期。

53.任春：《终身教育理念下的德国成人教育》，《德国研究》2007 年第 1 期。

54.陈萃光、张素江：《德国继续教育管理的特点》，《中国成人教育》2000 年第 9 期。

55.周伟：《德国继续教育创新管理的经验与启示》，《中国卫生人才》2017 年第 12 期。

56.罗建河：《职业教育培训与大学教育的渗透：德国的经验和启示》，《外国教育研究》2016 年第 2 期。

57.黄鸿鸿：《日本继续教育概述》，《外国教育研究》1991 年第 4 期。

58.吴忠魁：《当今日本建设终身学习体系的经验与措施》，《比较教育研究》2000 年第 5 期。

59.王义高：《当代世界教育思潮与各国教改趋势》，北京师范大学出版社 1998 年版。

60.胡荣、李雅春：《终身教育思想在日本的推进及对我国的启示》，《北京成人教育》2001 年第 6 期。

61.[法] 让·托马斯：《世界重大教育问题》，上海师范大学出版社 1978 年版。

62.日本生涯学习协会：《生涯学习辞典》，东京书籍 1994 年版。

63.吴遵民：《现代国际终身教育论》，中国人民大学出版社 2007 年版。

64.李冬梅：《日本教育如何迈向 2030 年——解读日本〈第三期教育振兴基本计划〉》，《中国教师报》2019 年 12 月 25 日。

65.李兴洲：《日本终身学习推进机制及启示》，《教育研究》2015 年第 12 期。

66.刘思安：《日本、美国、英国对企业人员的继续教育》，《继续教育》2004 年第 1 期。

67.贾时丹、木本环：《日本的终身教育》，《常州工业技术学院学报》1997 年第 1 期。

68.吴遵民等：《现代终身学习论》，上海教育出版社 2008 年版。

69.孙世路：《外国成人教育》，教育科学出版社 1982 年版。

70.赵红亚：《终身学习：日本的基本教育政策》，《中国人口报》2006 年 8 月 2 日第 3 版。

71.臧佩红：《日本现代化历程研究丛书——日本近现代教育史》，世界知识出版社 2010 年版。

72.孙清萍、王威：《浅析日本终身学习型社会的构建》，《中国成人教育》2006 年第 10 期。

73.周谊：《近 50 年日本的社会教育经费及其使用效果》，《学术研究》2004 年第 4 期。

74.胡晶、冯丽伟：《论国际继续教育发展特征及其带来的启示》，《继续教育研究》2001 年第 4 期。

75.[日] 内田纯一：《地域社会教育の展开》，《学习型社会建设国际研讨会论文集》，2011 年。

76.日本社会教育学会编：《现代教育改革と社会教育》，東洋館出版社 2004 年版。

77.王国辉、杨红：《从官到民：日本终身学习推进主体的多元化态势》，《教育科学》2014 年第 2 期。

78.[日] 佐藤一子：《NPO の教育力》，東京大学出版会 2004 年版。

79. 张兴祥、邱锦秀：《国外促进培训和技术发展的税收优惠政策——以日本、新加坡、韩国为例》，《涉外税务》2012 年第 6 期。

80. [韩] 齐永花：《韩国终身教育的发展与实务运作》，《成人教育》2009 年第 3 期。

81. 孙启林：《韩国的农村教育和"新村运动"》，《农村教育与农村发展高端论文集》，2008 年。

82. 张德强：《论韩国新村运动的教育本质》，《比较教育研究》2007 年第 9 期。

83. [韩] 李重载：《生涯阶段终身教育现状调查分析及确保终身教育基础统计资料方案的研究》，韩国教育开发院，2002 年。

84. 李立绪：《韩国成人教育述评》，《中国成人教育》2005 年第 10 期。

85. 于亦璇：《韩国终身教育发展研究及对我国构建学习型社会的启示》2019 年第 23 期。

86. 程绍仁、李文英：《韩国成人职业培训制度及其借鉴意义》，《教育与职业》2007 年第 6 期。

87. [韩] 奇永花、张蕊、吕文娟：《韩国终身教育的中枢机构》，《终身教育》2010 年第 6 期。

88. [韩] 李贤青、朴秀妍、姜熙顿、黄仁城、朴镇邢：《搞活大学终身教育方案研究》（研究报告 2000-7-195 号），韩国大学教育委员会 2000 年。

89. [韩] 南政杰、权易钟、崔云室：《平生教育行政及政策》《教育科学史》，2002 年。

90. 崔成学、李贤淑：《韩国高校终身教育院教育现状及其对我国的启示》，《继续教育研究》2012 年第 10 期。

91. 中国农业成人教育考察团：《韩国的成人教育》，《世界农业》1999 年第 7 期。

92. [韩] 崔雪梅：《浅议韩国放送通信大学的教育模式》，《职业与教育》2006 年 12 月下。

93. 杨芳：《韩国终身教育体系研究》，《继续教育》2011 年第 11 期。

94. 金作岩：《国外继续教育的发展与启示——以美国、英国和韩国为例》，《北京劳动保障职业学院学报》2012 年第 4 期。

95. 吴遵民、黄健：《国外终身教育立法启示——基于美日韩法规文本的分析》，《现代远程教育》2014 年第 1 期。

96. [韩] 李琦幻：《平生教育学习者的参与动机与满足度：以官公署的平生教育为例》，大邱大学 2003 年硕士论文。

97. 黄欣：《终身教育立法：国际视野与本土行动》，《教育发展研究》2010 年第 5 期。

98. [韩] 李正连、王国辉：《终身教育法修正后韩国终身教育振兴政策的动向及特征》，《现代远程教育研究》2014 年第 1 期。

99. 李秀珍：《韩国大学终身教育政策分析与启示》，《成人教育》2018 年第 12 期。

100. 水山：《农民教育方式：韩国采用培训券教育制度》，《经济日报》2005 年 5 月 30 日。

101. 马丽华、刘静、[韩] 李正连：《韩国"自上而下"和"自下而上"相结合的终身教育推展框架及思考》，《外国教育研究》2018 年第 11 期。

102. 李兴洲、卢海红：《继续教育的国际经验》，《北京师范大学学报（社会科学版）》
      2010年第1期。
103. 崔世广：《日本终身教育的特征及启示》，《民族教育研究》2006年第4期。

责任编辑：冯　瑶

图书在版编目（CIP）数据

发达国家继续教育管理体制机制研究／闫树涛　著 . —北京：人民出版社，
　2021.12
ISBN 978－7－01－023839－5

I. ①发…　 II. ①闫…　 III. ①发达国家－继续教育－管理体制－研究
　 IV. ① G72
中国版本图书馆 CIP 数据核字（2021）第 200710 号

发达国家继续教育管理体制机制研究

FADA GUOJIA JIXU JIAOYU GUANLI TIZHI JIZHI YANJIU

闫树涛　著

人民出版社 出版发行
（100706　北京市东城区隆福寺街 99 号）

北京盛通印刷股份有限公司印刷　新华书店经销

2021 年 12 月第 1 版　2021 年 12 月北京第 1 次印刷
开本：710 毫米 ×1000 毫米 1/16　印张：12.5
字数：200 千字

ISBN 978－7－01－023839－5　定价：58.00 元

邮购地址 100706　北京市东城区隆福寺街 99 号
人民东方图书销售中心　电话（010）65250042　65289539